कैवल्यदर्शनम्

聖なる科学

ज्ञानावतार स्वामी श्रीयुक्तेश्वरेण प्रणीतम्

ギャナアヴァター・スワミ・
スリ・ユクテスワ・ギリ著

スワミ・スリ・ユクテスワ

スワミ・スリ・ユクテスワとパラマハンサ・ヨガナンダ
1935年 カルカッタにて

英語原題　The Holy Science
発行者　Self-Realization Fellowship
Los Angeles (California)
ISBN-13:　978-0-87612-051-4
ISBN-10:　0-87612-051-6
Self-Realization Fellowship により日本語に翻訳

セルフ・リアリゼーション・フェローシップ
国際出版委員会認定

1920 年、スワミ・スリ・ユクテスワは、インドの古（いにしえ）の科学であるヨガを西洋にもたらすため、自分の一番弟子であったパラマハンサ・ヨガナンダを米国に送りました。師の要請にもとづき、パラマハンサ・ヨガナンダはセルフ・リアリゼーション・フェローシップ（SRF) を設立し、SRF の大師たちによるクリヤ・ヨガの教えを世界中に普及させるために役立てることとしました。セルフ・リアリゼーション・フェローシップの名称とシンボルマーク（上掲）は、SRF の書籍、録音物、その他の刊行物すべてに記載されています。これは、それらの作品がパラマハンサ・ヨガナンダによって創立された団体によって出版されたものであり、師の教えを忠実に伝えていることを読者に保証するものです。

First edition, first printing in Japanese
from Self-Realization Fellowship, 2013

セルフ・リアリゼーション・フェローシップにより
2013 年 日本語訳第 1 版第 1 刷発行

ISBN-13: 978-0-87612-257-0
ISBN-10: 0-87612-257-8

1906-J2571

序文

昔から、いろいろな時代に、いろいろな国々に現れた預言者たちは、みな神の探究に成功した聖者たちである。これらの人たちは、真の悟りの境地、ニルビカルパ・サマディの意識にはいって、万象の背後に実在する至高の実体を体認している。そして、彼らの英知と霊的助言は、世界の聖典となった。これらは、あるものは直接的に、あるものは秘儀的、象徴的に書かれ、それぞれ表現こそ異にしているが、みな同一の霊的真理を説いている。

セランポールに住んでいた私の師、ギャナアヴァター・スワミ・スリ・ユクテスワ（1855－1936年）は、サナタン・ダルマ（ヒンズー教の教え）とキリスト教の聖書との間の根本的一致を究明するという偉業を果たす最適任者であった。彼は、その曇りなき心のテーブルの上に聖典をひろげて、それらを直観的理性のメスで解剖し、初めに預言者たちが語った言葉にあとから加えられた後世の学者たちの誤った解釈や改ざんを取り分けた。

本書によって今、聖書の中でも難解とされているヨハネの黙示録とインドのサーンキヤ哲学との間の一致点が解明されることになったが、これは、ギャナアヴァター・スワミ・スリ・ユクテスワの透徹せる霊的洞察力をもってはじめて可能となったのである。

本書の序章で著者自身が述べているように、本書は、著者スリ・ユクテスワの師であるラヒリ・マハサヤの、そのまた師であるババジのご指示によって書かれたものである。これら三人の大師たちのキリストのような生涯については、拙著『あるヨギの自叙伝』の中に詳しく説明しておいた。

本書『聖なる科学』の各節の冒頭に掲げてあるサンスクリットのスートラ(聖句)は、バガヴァッド・ギーターをはじめ、他のインドの偉大な聖典を解釈するうえに大きな光を投ずるであろう。

パラマハンサ・ヨガナンダ

ドワパラ期(ユガ)249年(西暦1949年)

(日本語訳注 『あるヨギの自叙伝』の日本語版は森北出版より発行)

スリ・ユクテスワ主催の最後の冬至祭（1935年12月）

セランポール僧院の中庭で、中央のテーブルの正面にすわっているのがスリ・ユクテスワ、その向かって左隣がパラマハンサ・ヨガナンダ。ここでヨガナンダは、10年間スリ・ユクテスワの霊的指導を受けた。

SRF出版部記

1963年版以来、セルフ・リアリゼーション・フェローシップ*では、西欧の読者たちのために、本書の各節の初めに掲げてあるサンスクリットのスートラの英訳文を巻末に一括付記したが、1972年版（第7版）からは、この訳文を、各節ごとに、サンスクリット・スートラと解説文との中間に挿入して、読者の便をはかることにした。

セルフ・リアリゼーション・フェローシップ

1972年5月4日

（日本語訳注　日本語版のスートラ訳は、上の英訳文を基に和訳したものである）

---

* セルフ・リアリゼーション・フェローシップの名称を、パラマハンサ・ヨガナンダは以下のように説明している。「真の自己を悟ることをとおして神と交わることであり、また真理を探究するすべての人々との親睦」を意味する。

目　次

序　章

चतुर्नवत्युत्तर शतवर्षे गते द्वापरस्य प्रयागक्षेत्रे ।
सदर्शनविज्ञानमन्वयार्थं परमगुरुराजस्याज्ञान्तु प्राप्य ॥
कड़ारवंश्यप्रियनाथस्वामिकादम्बिनीक्षेत्रनाथात्मजेन ।
हिताय विश्वस्य विदग्धतुष्टये प्रणीतं दर्शनं कैवल्यमेतत् ॥

「このカイヴァリヤ・ダルシャナム（'究極の真理' の解説）は、カラール家のクシェトラナートとカダムビニの子、プリヤ・ナート・スワミによって書かれたものである。

この解説書は、筆者が、現ドワパラ期(ユガ)194年の終りに近いころ、アラハバードにおいて、偉大な師よりその意を受け、世の人々に贈るものである」

あらゆる宗教の間には、本質的一致点があり、種々の信仰が説く真理も、帰するところは一つである。また、世界は、外的世界も内的世界も、整然たる一つの方式によって展開されており、そこには、あらゆる聖典が認めているただ一つの目標がある。本書の目的は、これらの事をできるかぎり明らかにすることであるが、この基本的真理を会得することは必ずしも容易なことではない。各宗教間の抗争や、人間的無知のために、一般の人々にとって、ヴェールの背後にある森厳な真理をのぞき見ることは、ほとんど不可能にも近いありさまである。それぞれの教義は、対立や紛争の精神をはぐくみ、霊的無知が教義間の溝を広げている。各宗派が主張する教義の別を超越して、あらゆる偉大な信仰が説く真理の間に共通する絶対的一致点を見いだす者は、特に恵まれたごく少数の者のみである。

本書の目的は、種々の宗教の根底に横たわる一致点を指摘し、相互の融和をはかることである。これはまさに至難のわざであるが、私はこの使命を、アラハバードで聖なるおかたから授けられた。アラハバードは、ガンジス河と、ジャムナ河と、サラスワティ河の合流点に位置し、プラヤーガ・ティールタ（聖なる交流の場所）と呼ばれ、クンバメラの催される場所である。そのときここでは、一般世間の人々と、霊的悟りを求める人々との集会が開かれる。ふだんは、世間の人々は日常生活の束縛から脱け出すことができないし、一方、いったん世俗的生活を捨てた行者たちは、めったに混乱した俗世間の中には降りて来ない。しかし、世間的雑事に追われている人たちも、明らかに、人類に光明をもたらす聖者たちの助けと導きを必要としているのである。そこで、こうした二種類の人々がいっしょに出合うことのできる場が必要となる。ティールタは、このような場を提供している。そこは、世俗の岸辺に位置していても、浮世の波風を寄せ付けない。人類のための福音を携えた行者(サドゥー)たちは、クンバメラを、そうした助けを求める人々にその福音を分かち与えるための理想的な場と考えているのである。

私が、そのような福音を広く人々に伝えるために選ばれたのは、1894年1月、アラハバードで開かれたクンバメラを訪れたときのことであった。ガンジス河の堤を歩いていたとき、私は見知らぬ男に呼び止められ、一人の偉大な聖者に引き合わされた。この聖者こそ、私の師(グル)であるベナレスのラヒリ・マハサヤの師(グル)、ババジであった。私のパラムグル（師(グル)の師(グル)）であるこの偉大な大師にお目にかかったのは、このときが初めてであった。

ババジとの会話の中で、私は、このような聖なる集会の場にいつも集まって来る、ある種のふさわしからぬ人々のことに言及した。そして、このような人たちよりも、遠いヨーロッパやアメリカの国々で異教を信じ、クンバメラの意義も、また存在も知らない人々の中に、かえって、理性的にもはるかにすぐれ、霊の先達や真剣な求道者たちとの交わりをもつにふさわしい人たちが居ることを指摘した。私はまた、彼らが知能の点ではすぐれていても、残念なことに、現代の蔓延した唯物思想に毒されており、科学や哲学等の分野でりっぱな学識を有する人でさえも、宗教原理の根本的一致については理解がなく、こうした未熟な宗教的信条が、むしろ人類を互いに離反させる頑固な障壁になっていることを申し上げた。

ババジはほほえみながら、私にスワミの称号を授けてくださると、本書を書くよう指示された。なぜ私が選ばれたのか、それは私の知るところではないが、その障壁を取除いて、あらゆる宗教の根底に横たわる共通の真理を明示するという大役を、私は課されたのである。

本書は、理解進展の程度を四つの段階に分け、これに応じて四つの章に分けてある。宗教の最高目標は、‘真の自己を知ること（アートマ・ギャナム）’であるが、この内なるものを知るには、まず外の世界について知る必要がある。そこで、第１章では、基本的概念（聖なる知識（ヴェーダ）、福音）として、宇宙創造活動の根本原理を説明し、現象世界の展開と複雑化について述べた。

宇宙のあらゆる被造物は、連鎖的創造活動の中の最高のものから最低のものに至るまで、存在、意識、至福という三つのものの実現を切望していると観られる。これらの目的または目標が第２章の主題である。第３章には、それら三つの目的を実現するための手順について述べた。そして第４章においては、その手順を実行してしだいに目標に近づくにつれて内的に開けてくる境地について述べた。

説明の方法としては、まず東洋の聖哲たちが説いた主題をサンスクリットで掲げ、次にそれを、西洋の聖典を参照しながら説明した。このようにして私は、東西両洋の教えの間に、本質的には何ら矛盾のないことを示すよう努めた。本書は今、人類の知識があらゆる分野で急速に発達するドワパラ期（ユガ）を迎えるにあたって、私のパラムグル、ババジの霊的指導のもとに書かれたものであって、ここに、本書のもつ重大な意義が、本書の目的とする人々に、十分にくみ取られることを願うものである。

さて、天体の周期に基づく **‘ユガ’**（期、宇宙的季節）に関する数学的計算によれば、この世界は現在、ドワパラ期（ユガ）にはいっており、今年（西暦 1894 年）で 194 年を経過した。そして、この時期（ユガ）の影響を受けて、人類の知識は急速に発達しつつある。

われわれの太陽系において、衛星は惑星のまわりを公転し、惑星はそれらの衛星を従えて自転しながら太陽のまわりを公転しているが、東洋の天文学によれば、太陽にはまた、対（つい）の関係にある星があって、太陽はその星のまわりを、惑星や衛星を従えたまま、一周につき24,000地球年の速さでまわっている。天体のこの運動によって、天宮図の分点は後退しながら移動する。太陽はまた、もう一つの運動をしている。すなわち、**ヴィシュヌナービ**と称する宇宙大中心のまわりをまわっているのである。このヴィシュヌナービは、創造力ブラフマ（宇宙磁気）の座である。**ブラフマ**は、**ダルマ**（内的世界の精神的徳性）に影響を与え、これを支配している。

太陽が対（つい）の星のまわりをまわりながら、この宇宙大中心ブラフマの座に最も近い位置に来たとき（これは秋分点が牡羊座の始点に来たときにあたる）、精神的徳性ダルマは最高に発達し、人類は、すべてを——宇宙霊の神秘までも——会得するようになる。

〔20世紀の初めには、秋分点は乙女座の恒星の位置に来るが、それは上昇ドワパラ期（ユガ）の初期にあたる〕

それから12,000年たつと、太陽は、その軌道上で、宇宙大中心ブラフマから最も遠い位置に来る（これは秋分点が天秤座の始点に来たときにあたる）。このとき、精神的徳性ダルマは最低となり、人類は、物質を超えた形而上の存在を何も理解できなくなる。同様にして再び、太陽がその軌道上を宇宙大中心に最も近い

天宮図

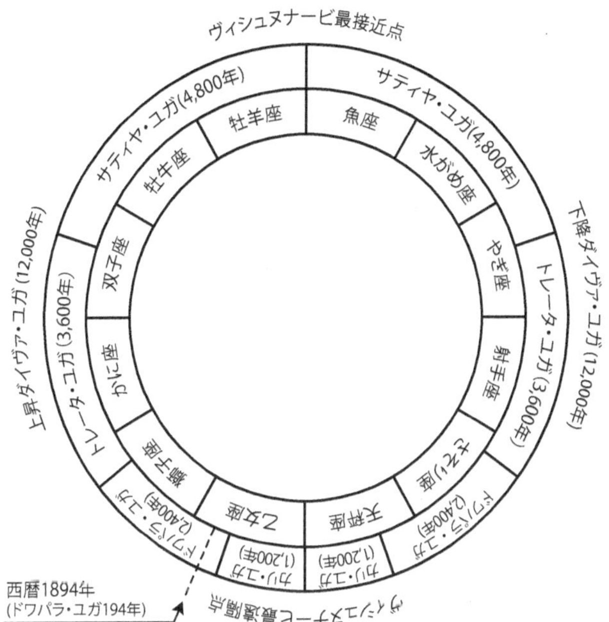

天宮図において、乙女座と魚座とは、ちょうど反対側に位置している。現在，秋分点は乙女座に来ているので、当然春分点は魚座にある。春分点の位置を基準にしている西洋の星学者は、したがって、現在を‘魚座の時代’としている。

分点の位置は，天宮図を後退しながら移動するので、このあと各分点は、それぞれ、水がめ座—獅子座にはいる。スワミ・スリ・ユクテスワの計算によれば、世界は、西暦 499 年に魚座—乙女座に入り、2,000 年後の西暦 2,499 年に水がめ座—獅子座にはいる。(出版部注)

点に向かって進みはじめると、精神的徳性は発達しはじめ、12,000 年後に再び最高潮に達する。

これら各々の 12,000 年という期間は、外的な物質世界にも、内的な精神の世界にも、根本的変化をもたらす。そして、交互に働く一対の偶力のように周波を形成し、それぞれ**ダイヴァ・ユガ**と呼ばれる。こうして太陽は、24,000 年で、その対をなす星のまわりを一周して、12,000 年の上昇ダイヴァ・ユガと 12,000 年の下降ダイヴァ・ユガから成る一つの周期を完成するのである。

精神的徳性ダルマの発達は漸進的で、12,000 年のダイヴァ・ユガは四つの段階に分けられる。まず、最初の 1,200 年間（その間太陽は、その軌道の 20 分の 1 を進む）を**カリ期**という（天宮図参照）。この期間は、精神的徳性ダルマの発達の第 1 段階で、4 分の 1 だけ発達する。この間、人類の知能は、このたえず変化する創造活動のいちばん外側の世界である物質界しか理解することができない。

次の 2,400 年間（その間太陽は、その軌道の 20 分の 2 を進む）を**ドワパラ期**という。この期間は、精神的徳性ダルマの発達の第 2 段階で、半分まで発達する。そして人類の知能は、この物質界をつくり出している原理である精妙な‘電気的力’を理解する。

次の3,600年間（その間太陽は、その軌道の20分の3を進む）を**トレータ期（ユガ）**という。この期間は、精神的徳性ダルマの発達の第3段階で、人類の知能は、物質界をつくり出している精妙な電気的力の、そのまた源泉である聖なる‘磁気的力’を理解する。

最後の4,800年間（その間太陽は、その軌道の20分の4を進む）を**サティヤ期（ユガ）**という。この期間は、精神的徳性ダルマの最盛期で、人類の知能は、宇宙のすべてを――現象の世界を超えた宇宙霊なる神をも――理解するようになる。

サティヤ期（ユガ）の偉大な聖哲（リシ）マヌは、その著書サンヒターの中で、これらのユガについて、次のように明確に説明している。

चत्वार्याहुः सहस्राणि वर्षाणान्तु कृतं युगम् ।
तस्य तावच्छती सन्ध्यां सन्ध्यांशश्च तथाविधः ।।
इतरेषु ससन्ध्येषु ससन्ध्यांशेषु च त्रिषु ।
एकापायेन वर्तन्ते सहस्राणि शतानि च ।।
यदेतत् परिसंख्यातमादावेव चतुर्युगम् ।
एतद् द्वादशसाहस्रं देवानां युगमुच्यते ।।
दैविकानां युगानान्तु सहस्रं परिसंख्यया ।
ब्राह्ममेकमहर्ज्ञेयं तावती रात्रिरेव च ।।

> 「4,000年間はクリタ・ユガ（サティヤ期すなわち黄金時代）と呼ばれる。その前に400年の薄明期（前移行期）があり、後には400年の薄暮期（後移行期）がある。他の3つのユガは、本格期と、その前後の移行期が、それぞれ1,000年および100年ずつ、しだいに短くなる。これら4つの段階から成る合計12,000年の期間を、神々の1年という。神々の1,000年をブラフマの1日（昼）といい、それと同じ長さの夜がある」

サティヤ期は4,000年間続き、これを本格期とすると、その前後に400年ずつ、前後の期との間の移行期がある。したがって、サティヤ期の全期間は4,800年となる。そのほかの期の長さは、本格期については、前の期より1,000年短く、移行期については、前の期より100年短くなる。この計算によって、トレータ期は、本格期が3,000年、移行期が前後それぞれ300年ずつとなり、合計で3,600年となる。

次のドワパラ期は、本格期が2,000年、移行期が前後それぞれ200年で、合計2,400年となる。最後のカリ期は、本格期が1,000年、移行期が前後それぞれ100年で、合計1,200年となる。これら四つの期の合計である12,000年が1ダイヴァ・ユガの期間である。

そして、上昇と下降の一対のダイヴァ・ユガで一周期を形成し、その期間は 24,000 年である。

秋分点が牡羊座の始点にあった西暦紀元前 11,501 年から、太陽は、その軌道上で宇宙大中心に最も近い位置から、最も遠い位置に向かって移動しはじめた。そのため、人類の知能は衰えはじめた。それから 4,800 年間、太陽がその軌道の 20 分の 4 を通過し、下降サティヤ期（ユガ）を経過する間に、人類は、霊的知識を理解する能力を失うようになってしまった。次の 3,600 年間、太陽が下降トレータ期（ユガ）を経過する間に、人類は、聖なる磁気的力に関する知識を理解する能力を失った。その次の 2,400 年間、太陽が下降ドワパラ期（ユガ）を経過する間に、人類は、宇宙の精妙な電気的力に関する知識を理解する能力を失った。そして、つづく 1,200 年間、太陽は下降カリ期（ユガ）を経過して、ついに、太陽の軌道上で宇宙大中心から最も遠い位置に達した（このとき秋分点は天秤座の始点に来た）。そして、人類の知能は最低に衰え、物質界を超えた存在について、何も理解できなくなってしまった。したがって、この時期すなわち西暦 500 年ごろは、カリ期（ユガ）の、そしてまた 24,000 年の周期の中の、最も暗黒の時代であった。歴史は、このインドの聖賢（リシ）たちの計算の正確さを裏書きするように、当時あらゆる国々をおおった無知と不幸を記録している。

西暦499年以来、太陽は宇宙大中心に向かって進みはじめ、人類の知能も再び発達しはじめた。しかし、上昇カリ期（ユガ）の1100年間、すなわち西暦1599年までの間は、人類の知能はまだ鈍く、物質を超えたいかなる‘精妙な存在（スクシュマブータ）’をも理解することはできなかった。政治的な面でも、この間は、どこの国にも概して平和がなかった。

この時期につづく100年間の移行期（サンディ）（ドワパラ期（ユガ）に移るカリ期（ユガ）の薄暮期）にはいると、人類は、精妙な電気的力（パンチャ・タンマートラ）の存在に気付きはじめた。そして同時に、政治面でも平和が確立しはじめた。

西暦1600年ごろ、ウイリアム・ギルバートは地磁気を発見し、あらゆる物質の本源に電気が存在することを観察した。1609年には、ケプラーが天文学上の重要な法則を発見し、ガリレオは望遠鏡をこしらえた。1621年には、オランダのドレベルが顕微鏡を発明し、1670年ごろには、ニュートンが引力の法則を発見した。1700年には、トーマス・セーバリーが揚水用の蒸気機関を発明し、それから20年後には、ステフェン・グレーが人体における電気の働きを発見した。

政治面においては、人類は互いに尊敬しあうようになり、あらゆる面で文化が発達しはじめた。イギリスはスコットランドを併合して強大な王国となり、ナポレオンは、彼の新しい法典を南ヨーロッパに宣布した。アメリカは独立をかち取り、ヨーロッパ各地は平穏になった。

科学の発達とともに、世界じゅうに、鉄道や電信網が敷かれるようになった。また、蒸気機関や、電動の機械や、その他種々の機器によって、精妙なエネルギーが利用されるようになった――もっとも、そのエネルギーの本質については、まだはっきり理解されなかったが――。今から5年後、西暦1899年になれば、ドワパラ期（ユガ）の200年の薄明期が終わって、引きつづき2,000年間のドワパラ期（ユガ）の本格期に入り、人類は、宇宙の精妙な電気的力（宇宙電気とその属性）について十分な知識を獲得するようになるであろう。

このように、宇宙を支配する‘時’の影響というものは、実に偉大なものである。この影響を克服できる者は、天与の贈物である純粋な**‘愛’**に恵まれて神性を現すに至った聖者のほかにはない。このような人だけが、聖なる河**プラナヴァ**（聖なる宇宙音**オーム**）の洗礼を受け、神の国を知ることができるのである。

現在のヒンズー暦は、今（西暦1894年）ドワパラ期の薄明期にあるこの世界の現在位置を正しく示していない。これは、暦を計算した天文学者と占星学者が、カリ期の暗黒時代のサンスクリット学者たち（例えばクルカ・バッタ）の間違った解釈に基づいて計算したためで、それによると、カリ期の期間は432,000年続き、現在（西暦1894年）までに、その4,994年が経過して、まだ427,006年残っている計算になっている。何と暗澹たる見通しであろう。しかし幸いにも、これは間違いなのである。

この間違いが初めて暦にはいり込んだのは、西暦紀元前700年、ラージャ・パリクシットの治世の時代で、世界はちょうど、この前の下降ドワパラ期が終わったときであった。そのとき、マハラジャ・ユディスティラは、暗黒のカリ期の到来を見越して、王位を孫のラージャ・パリクシットに譲り、自分は宮廷の賢者たちを残らず連れて、この世の楽園であるヒマラヤの奥地に隠遁してしまった。こうして、ラージャ・パリクシットの宮廷には、ユガの正しい計算原理を理解している者が居なくなってしまったのである。

このため、2,400年のドワパラ期が終了したとき、ドワパラ期の年次を廃して新しいカリ期の年次に切り換えるべきことに気付いた者が一人も居なかったのである。

こうして、新しく始まったカリ期（ユガ）の第１年は、ドワパラ期（ユガ）の続きとして、2401年と暦に示された。そして、西暦499年、すなわち、実際のカリ期（ユガ）の期間1,200年が過ぎて、太陽が宇宙大中心から最も遠ざかり、カリ期（ユガ）が暗黒の最底点に達した年（このとき秋分点は天秤座の始点に来た）も、実際はカリ期（ユガ）の1200年であったにもかかわらず、暦の表示は3600年となっていたのである。

西暦499年から上昇カリ期（ユガ）が始まると、太陽は再び宇宙大中心に近づきはじめ、人類の知能は発達しはじめた。そして、いにしえの聖賢（リシ）たちが一つのカリ期（ユガ）の長さを1200年としているのを発見した当時の学者たちは、暦の間違いに気付きはじめた。しかし、彼らの知能はまだ十分には発達していなかったので、間違いは発見したものの、その理由はわからなかった。そこで彼らは、つじつまを合わせるために、いにしえの聖賢（リシ）たちのいう期（ユガ）の長さは、地球年によるものではなくて、ダイヴァ年によるものではないかと考えた。すなわち、１ダイヴァ年は12ダイヴァ月から成り、１ダイヴァ月は30ダイヴァ日から成り、１ダイヴァ日が１地球年であるとして、1,200年のカリ期（ユガ）は、地球年にして432,000年に違いないと考えたのである。

ここで結論にはいるために、今年西暦1894年の春分点の位置を考えてみよう。

天文学関係の書物によれば、現在の春分点は、牡羊座の始点（恒星レヴァティ）から20度54分36秒離れた位置にある。そして、計算によると、春分点が牡羊座の始点から後退しはじめてから現在の位置に至るまでに、1,394年経過している。

この1,394年から、この前の上昇カリ期の長さ1,200年を差し引くと、194年となり、これが、上昇ドワパラ期にはいってから今年までに経過した実際の年数である。一方、1,394年に3,600年を加えると4,994年になり、これによって、ヒンズー暦が今年の年次を4994年としている間違いの根拠がはっきりと説明できる。

〔本書に載せておいた天宮図を参照すれば、現在（西暦1894年）は秋分点が乙女座の中間に位置し、上昇ドワパラ期にあることがわかるであろう〕

さて本書で、私は、宇宙の磁気的力や、電気的力に関する真理に触れたが、これらは近代科学では、まだ完全には発見されていないものである。5種類の電気的力については、人体の神経の性質を思い浮かべて見ると容易に理解できる。神経の性質はまったく電気的である。人体の五つの感覚の神経は、それぞれ固有の性質をもっていて、別々の働きをする。視神経は光を伝達するが、聴覚その他の感覚の働きはしない。聴神経もまた、音を伝えるだけで他の感覚の働きはしない。そして、ほかの感覚の神経も同様である。このように、５種類の電気的力は、その本源である５種類の宇宙電気の性質にはっきりと対応している。

しかし、磁気的な力の性質については、現在の人類の知能は、まだそれを理解できるほど発達していないため、一般の人々を対象に説明を試みることはむだであろう。トレータ期(ユガ)にはいれば（次のトレータ期(ユガ)は西暦4099年から始まる）、人々の知能は、聖なる宇宙電気の磁気的属性を理解するようになるであろう。もっとも、現在でも、'時' の影響を克服して、一般人には理解できない事柄を理解しうる例外的人物も居る。しかし本書は、そのような人のためのものではないし、また、それらの卓越した人には、いまさら説明する必要はないであろう。

最後に、もう一つ述べておこう。一週間の各曜日には、その日にわれわれに影響を及ぼす星の名が冠せられているが、これと同様に、ヒンズー暦の各月には、その月にわれわれに影響を及ぼす星座の名が付けられている。また、偉大な '期(ユガ)' は、それぞれわれわれに、その期間を通じて深甚な影響を与える。このゆえに、年もまた、その属するユガを基準にして数えることが望ましい。

ユガは、分点の位置から計算されるもので、ユガを基準にした年の数え方は、科学的原理に基づいたものである。したがって、この方法によれば、恒星の位置による天体環境を基にしてその時代を考えることができ、従来人々が用いてきた、地上の偉人や支配者の名などを基準にする方法よりも適切と考えられる。そこで私は、この稿を草しているこの年を、西暦 1894 年と呼ぶかわりに、ドワパラ期（ユガ）194 年と呼ぼうと思う。これは、地球が現在通過しつつあるユガと、その経過年数を正確に示すものである。このような年の表し方は、インドにおいては、サンヴァット時代が始まったラージャ・ヴィクラマディティヤの治世のころまでは広く行われていたのである。この、ユガによる年の表し方は合理的であり、広く一般にも採用されることを望むものである。

さて今年、ドワパラ期（ユガ）194 年は、カリ期（ユガ）の暗黒時代もようやく去り、世界は霊的知識を求め、人々は、お互いの愛の助け合いを必要としている。わが偉大なるパラムグル・マハラジ・ババジのご指示によって世に出ることになった本書が、多くの人々の霊的目覚めに役立つことを心から願ってやまない。

スワミ・スリ・ユクテスワ・ギリ
西ベンガル州セランポールにて

ドワパラ期（ユガ）194年ファルグン月26日

कैवल्यदर्शनम्

第１章　福音（基本的概念）

１・１

नित्यं पूर्णमनाद्यनन्तं ब्रह्म परम् ।
तदेवैकमेवाद्वैतं सत् । १ ।

「パラムブラフマ（神、至上霊）は、初めもなく終りもない不生不滅の存在であり、完全無欠である。それは、一体にして不可分のものである」

不生不滅の永遠の存在である**スワミ・パラムブラフマ**（父なる神）は、実在する唯一の真の実体（**サット**）であり、宇宙のすべてのすべてである。

神はなぜ体認しがたいか

人は生来、直観的に、目に見えない一つの**実体**の存在を信じており、これに対する**信仰心**を内に宿している。われわれの五感（視、聴、嗅、味、触）の対象である、眼前の世界を構成しているもろもろの事物は、その‘一つの実体’があらわすさまざまな**属性**（現れた形相（すがた））であるが、人間は、この‘属性’によって構成された肉体の中に自己意識を没入させているために、この不完全な肉体の器官が認識しうる‘同じ次元の属性’しか理解することができず、それらの属性が起因する‘実体’については、実際に体認することができない。それゆえ、この物質界の人間は、**マーヤ**と呼ばれる‘神の幻術’によって映し出されているその‘属性’の中から自己意識を引き揚げて、本来の神性を取り戻さないかぎり、この**唯一の実体**（父なる神）を識ることはできないのである。

「そもそも信仰心は、願い事を実現する実体であり、隠れた真実を明かす証人（真理を洞察する知性）である」（ヘブル人への手紙 11:1）

「そこでイエスは言われた『あなたがたは、人の子（自我意識）を引き上げたとき、初めてわたしがそういう者（世の光、上の世界から来た者、真の実体）であることを知るであろう』」（ヨハネによる福音書 8:28）

1・2

तत्र सर्वज्ञप्रेमबीजञ्चित् सर्वशक्तिबीजमानन्दश्च ॥ २ ॥

「その（パラムブラフマの）中に、すべての知識と愛の起源があり、あらゆる力と喜びの根源がある」

プラクリティ（神の性質）

現象世界を構成する**全能の創造力**（シャクティ）（無限の姿形をとって万物を構成しているエネルギーの本源。その本質は'喜び'で、**永遠の至福**（アーナンダ）とも呼ばれる）と、その世界をあまねく意識している**全知の知性**（チット）（あらゆる知識、感情等の心理機能の本源。これはまた'愛'(思いやる心、理解する心）であり、**普遍の愛**または**全知の愛**とも呼ばれる）とは、父なる神の**性質**（プラクリティ）（創造活動——自己表現活動——を演出する潜在的実体）を構成する。

どうすれば神を体認できるか

人は神の似すがたにつくられているため、注意力を内面に集中すると、前述の**神の性質**である**創造力**と**知性**が、自分自身の本性として内在しているのを体認することができる。すなわち、全能の創造力は、'楽しみ'（ボーガ）(喜びを感じさせるもの）をつくり出す**意志**（ワーサナ）として、また、全知の知性は、それを'楽しむ'（ボークター）（喜びとして感ずる）**意識**（チェータナ）として内在している。

> 「神は、自分のかたちに人を創造された。すなわち、神のかたちに人をつくり、男性と女性とにつくられた」(創世記 1:27)

1・3

तत्सर्वशक्तिबीजजडप्रकृतिवासनाया व्यक्तभावः ।
प्रणवशब्दः दिक्कालाणवोऽपि तस्य रूपाणि ॥ ३ ॥

「パラムブラフマは、潜在するその性質（プラクリティ）から万物を顕現させる。全能の創造力の現れはオームで、これから時間（カーラ）と、空間（デーシャ）と、宇宙原子（アヌ）（波動による創造物構成の原理）が生ずる」

オーム（アーメン、コトバ）——神の創造活動の第１段階

全能の創造力（シャクティ）（これは‘反力’として働く。一方、**全知の愛（チット）**は‘引力’として働き、両者は互いに補完しあう）は、まず波動として現れ、独特の音を発する。この音は、**オーム**、**アーメン**または**コトバ**などと呼ばれている。オームには、また別の相がある。それは、**時間（カーラ）**（永遠不変なるものに変化を与える観念）と、**空間（デーシャ）**（永遠に一体なるものの中に区別を生じさせる観念）である。

四つの観念——オーム、時間、空間、宇宙原子

さらに、これにともなって生ずるのが、**粒子**の観念（**宇宙原子（アヌまたはパトラ）**）である。したがって、これら四つ——オー

ム、時間、空間、宇宙原子──は、一つの同じものであって、本質的には単なる観念にすぎない。

このオーム（コトバ、アーメン）が外的諸現象（'肉'）となって現れ、この可視的世界をつくり出しているのである。このように、オームは、父なる神の性質（プラクリティ）である創造力が直接現れたものであって、いわば神ご自身の現れであり、神そのものと同一不可分のものである。それはちょうど、燃える力と火そのものとが同一不可分であるのと同様である。

「アーメンという信頼すべき真理の証人、神につくられたものの根源であるおかたがこう言われる」(ヨハネの黙示録 3:14)

「初めにコトバがあった。コトバは神とともにあった。コトバは神であった。……すべてのものはこれによって出来た。出来たもののうち、一つとしてこれによらないものはなかった。……コトバは肉となり、わたしたちの内に宿った」(ヨハネによる福音書 1:1, 3, 14)

1・4

तदेव जगत्कारणं माया ईश्वरस्य, तस्य व्यष्टिरविद्या ।। ४ ।।

「創造物の根源は宇宙原子（アヌ）である。全体としてのア

ヌは、マーヤ（神の幻術）と呼ばれ、個々のアヌは、アヴィディヤ（無知）と呼ばれる」

宇宙原子――創造主の座

前述の四つの観念を、内的にも外的にも（形而上の世界にも可視的世界にも）現す宇宙原子は、**創造主**（神の霊、聖霊、光）の君臨する‘み座’であり、創造主は、あまねく宇宙原子の上を照らして宇宙を創造する。ところが宇宙原子は、この光を反射して受け入れないため、全体としては**マーヤ**（‘やみ’、真実を陰蔽して虚偽の幻影を構成する力）と呼ばれ、また、個々の宇宙原子は**アヴィディヤ**（無知、錯覚）と呼ばれる。これは、宇宙原子が人間を無知に――自分自身についてさえも無知に――しているからである。そこで、現象世界のあらゆる錯覚や混乱を引き起こす前述の四つの観念を、聖書は‘四つの獣’と言っている。人は、自己意識を、この粗雑な肉体の中に没入させている間は、この根元的な魔力をもつ宇宙原子よりもはるかに低次元にあるため、どうしてもその魔法を見破ることができない。しかし、自己意識をそれと同じ次元にまで引き上げたとき、この宇宙原子の正体を、内的にも外的にも理解することができるようになり、同時にまた、全宇宙の実相を――現象の世界も、聖なる霊の世界も（‘前にも後ろにも’）――理解するようになるのである。

「み座のまん中と、み座のまわりには、四つの獣が居たが、その前にも後ろにも、一面に目が付いていた」（ヨハネの黙示録 4:6）

1・5

तत्सर्वज्ञप्रेमबीजं परं तदेव कूटस्थचैतन्यम् ।
पुरुषोत्तमः तस्याभासः पुरुषः तस्मादभेदः । ५ ।

「パラムブラフマの全知の愛としての相が、クタスタ・チャイタニヤである。個人の自己意識は、それの現れであり、それと同じものである」

クタスタ・チャイタニヤ（プルショッタマ、聖霊）

父なる神の**全知の愛**（プレーマビージャム・チット）（全知の知性、普遍の愛）の現れが、**クタスタ・チャイタニヤ**（プルショッタマ）で、宇宙遍在の**命**であり、**光**であり、**創造主**である。これはまた、**聖霊**（神の霊、み霊）と呼ばれ、**やみ**（マーヤ）（宇宙原子）の上を照らして、そのあらゆる部分を神の方へ引き付けようとする。しかし、マーヤもアヴィディヤも、もともと反力であるため、その光を受け入れることができず――したがって、真理を理解することができず――反射する。

アバーサ・チャイタニヤ（プルシャ、神の子）

聖霊は、父なる神の性質（プラクリティ）である全知の愛が直接現れたもので、本質的には、神ご自身と全く同じである。そこで、この聖霊の光の‘反映’を、**神の子**（**アバーサ・チャイタニヤ、プルシャ**）と呼ぶ。

「このコトバに命があった。そしてこの命は人の光であった」（ヨハネによる福音書 1:4）

「光はやみの中に輝いている。そしてやみはこれを理解しなかった」（同上 1:5）

「彼は自分自身のところへ来たのに、それらは彼を受け入れなかった」（同上 1:11）

1・6

चित्सकाशादणोर्महत्त्वं तच्चित्त्वम्, तत्रसदध्यवसायः ।
सत्त्वं बुद्धिः ततस्तद्विपरीतं मनः
चरमेऽभिमानोऽहंकारस्तदेव जीवः ।६।

「宇宙原子は、全知（チット）の愛の影響を受けて、チッタ（心）を形成し、その霊化した状態をブディ（理性）という。その反対の状態をマナス（感覚意識）といい、そこには、

ジーヴァ――個別的存在観（自我意識）をもった自己意識――が宿る」

チッタ（心）とアハンカーラ（自我意識、人の子）

個々の宇宙原子（アヴィディヤ、無知）は、全知の愛の現れである聖霊の影響を受けて、ちょうど磁界の中に置かれた鉄粉が磁化するように、霊化して意識（知性、愛）をもつようになる。そのときこれを、**チッタ**（心）または**マハット**と呼ぶ。するとその中に、自分を、他のものと分離した一個の存在と思う観念が生ずる。これを**アハンカーラ**（自我意識）または**人の子**という。

ブディ（理性）とマナス（感覚意識）

このように、霊的に磁化された**心**は、二つの'磁極'をもつ。その一つは、**真の実体**（真理）に近付こうとし、他の一つは、反対に**サット**から遠ざかろうとする。前者は、真理を識別する**理性**（英知）となり、**サットワ**または**ブディ**と呼ばれる。後者は、前述のように、チッタが全能の創造力（永遠の至福）の現れである宇宙原子の磁化されたものであるところから、反力として働き、**喜び**を経験するための感覚的架空の世界をつくり出す。そこでこれを**アーナンダトワ**または**マナス**（感覚意識）と呼ぶ。

1・7−10

तदहंकारचित्तविकारपञ्चतत्त्वानि ।७।
तान्येव कारणशरीरं पुरुषस्य ।८।
तेषां त्रिगुणेभ्यः पञ्चदश विषयेन्द्रियाणि ।९।
एतानि मनोबुद्धिभ्यां सह सप्तदशसूक्ष्मांगानि ।
लिंगशरीरस्य ।१०।

「自我意識（アハンカーラ）をもつ心（チッタ）（霊化された宇宙原子）は、五つの要素（宇宙電気、霊妙な電磁界）として現れる。

それら（五つの宇宙電気）は、プルシャの根源体を構成する。

この五つの宇宙電気は、三種のグナ（相）——サットワ（陽性の働き）と、ラジャス（中和する働き）と、タマス（陰性の働き）——を現し、それぞれ、ギャネンドリヤ（感覚器官）と、カルメンドリヤ（行為器官）と、タンマートラ（感覚の対象）をつくり出す。

これら十五の属性に、感覚意識（マナス）と理性（ブディ）を加えた十七の要素が、リンガシャリーラ（精妙なからだ）を構成する」

パンチャ・タットワ（創造物の根源体）

霊的に磁化された宇宙原子、心（チッタ）は、‘反力’となって現れ、その五つの部分——中央と、両端と、中央と両端の中間部――から、霊妙な五種類の**宇宙電気**を放射する。この宇宙電気は、聖霊（全知の愛）の影響を受けて、**真の実体**に引き寄せられると、**サットワ・ブディ**（**理性**）**のからだ**と呼ばれる**磁界**をつくり出す。この宇宙電気は、あらゆる被造物の根源であるところから、**パンチャ・タットワ**（五つの根源要素）と呼ばれ、プルシャ（神の子）の**根源体**（コーザル体）をなす。

三つのグナ（宇宙電気の属性の三つの相）

二極化した心から放射される五つの宇宙電気もまた同様に極性を与えられ、三種の**グナ**（働きを表わす相）――**サットワ**（陽性の働き）と、**ラジャス**（中和する働き）と、**タマス**（陰性の働き）――をもつ属性を現す。

ギャネンドリヤ（五つの感覚器官）

五つの宇宙電気の、**陽性の属性**は、**五つの感覚器官**（視聴嗅味触）となり、心の陰性の磁極である感覚意識の影響を受けて、**感覚器官のからだ**を構成する。

カルメンドリヤ（五つの行為器官）

五つの宇宙電気の、**中和性の属性**は、**五つの行為器官**（排泄、生殖、会話、歩行、手作業）となる。この

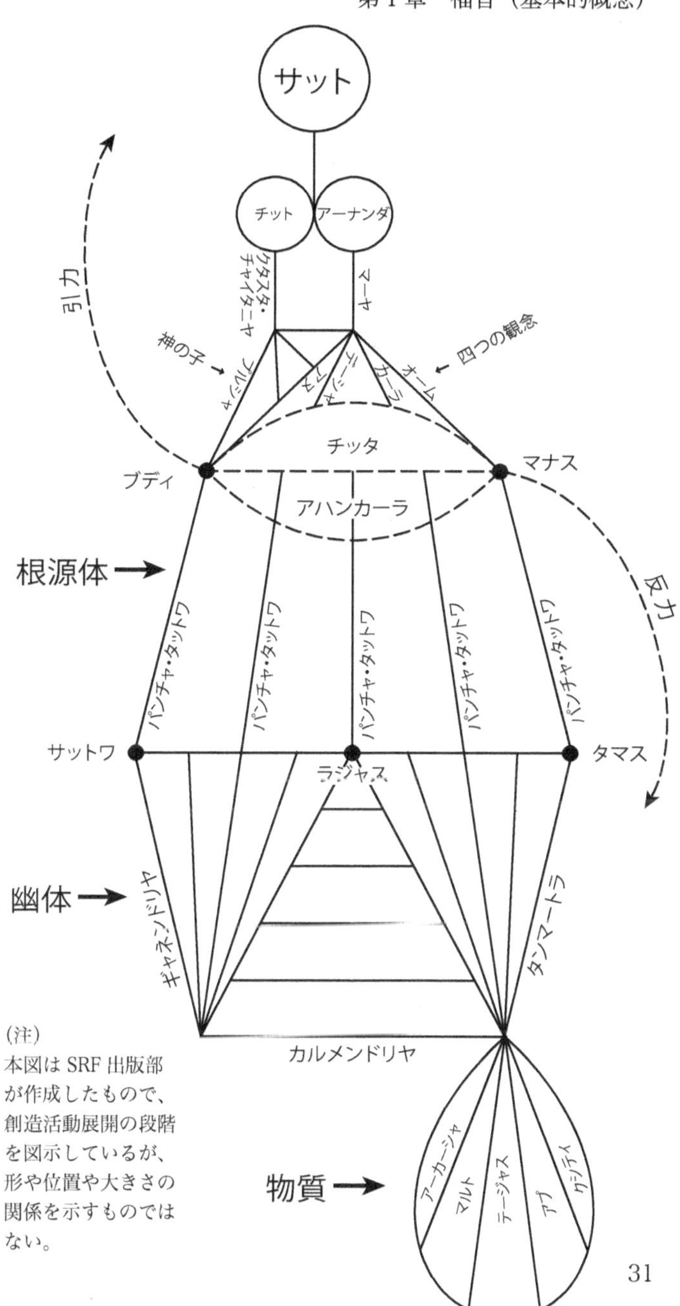

（注）
本図はSRF出版部が作成したもので、創造活動展開の段階を図示しているが、形や位置や大きさの関係を示すものではない。

五つの器官は、心（チッタ）の中和力の現れで、**プラーナ（生命エネルギー）のからだを構成する。**

タンマートラ（五つの感覚対象、ヴィシャヤ）

五つの宇宙電気の、**陰性（タマス）の属性**は、**五つの感覚対象（タンマートラ）**となり、これらは行為器官（カルメンドリヤ）の中和力によって、感覚器官（ギャネンドリヤ）と結合し、心の欲望を満足させる。

リンガシャリーラ（幽体）

霊化された宇宙原子、心（チッタ）の、これら**十五の電気的属性**と、**二つの磁極**（感覚意識（マナス）と理性（ブディ））が、**リンガシャリーラ**または**スクシュマシャリーラ**と呼ばれる、プルシャ（神の子）の**幽体**（精妙なからだ）を構成する。

1・11－12

ततः पञ्चतत्त्वानां स्थितिशीलतामसिकविषयपञ्चतन्मात्राणां
पञ्चीकरणेन स्थूलशरीरस्यांगानि जडीभूतपञ्चक्षित्यप्तेजो
मरुद्व्योमान्युद्भूतानि ।११।
एतान्येव चतुर्विंशतिः तत्त्वानि ।१२।

「前述の、五つの宇宙電気の陰性（タマス）の属性である五つの感覚対象（タンマートラ）は、結合して、物質の五つの形態の観念をつくり出す。すなわち、固体（クシティ）、液体（アプ）、火（テージャス）、気体（マルト）、およ

びエーテル（アーカーシャ）**である。**

これら物質の五つの形態と、前述の十五の電気的属性と、感覚意識（マナス）と、理性（ブディ）と、心（チッタ）と、自我意識（アハンカーラ）は、創造活動の二十四の基本要素を構成する」

物質のからだ

前述の、五つの宇宙電気の陰性の属性である五つの感覚対象（タンマートラ）は、互いに結合して、五種類の物質の観念をつくり出す。これらは、われわれの感覚に、固体（**クシティ**）、液体（**アプ**）、火（**テージャス**）、気体（**マルト**）、エーテル（**アーカーシャ、ヴィオマ**）という五種類の形態として映る。これらは、プルシャ（神の子）のいちばん外側の衣である**物質のからだ**（ストゥーラシャリーラ）を構成する。

二十四人の長老

これら五つの物質と、前述の十五の電気的属性と、感覚意識（マナス）と、理性（ブディ）と、心（チッタ）と、自我意識（アハンカーラ）が、**創造物の二十四の要素**を構成し、聖書には‘二十四人の長老’と記されている。

「み座のまわりには、二十四の座があって、二十四人の長老がそれらの座に着いているのを見た」

（ヨハネの黙示録 4:4）

マーヤの創造活動を遂行する前述の二十四の要素は、アヴィディヤ（無知）の発展したものにほかならない。そして、この無知（アヴィディヤ）は、前述の四つの観念によって構成されたものであるから、すべての被造物は、本質的には何ら実体のない、いわば幻影であって、父なる神（実在する唯一の実体）の単なる観念の遊戯にすぎないのである。

1・13

तत्रैव चतुर्दशभुवनानि व्याख्यातानि ।१३।

「この宇宙は、十四の領域に分けられる。それは、七つのスワルガと、七つのパーターラである」

七つのスワルガ（ローカ、世界）

このように、不生不滅の永遠の実体である神から始まって粗雑な物質界に至るこの宇宙は、七つの次元の世界（スワルガ、ローカ）に区分される。

サティヤローカ——第七次元の世界

まず最上位は、**サティヤローカ**（究極の真の実体である父なる神の世界）である。この世界は、いかなるやみの被造物も、また、光の被造物も、これを説明することができず、名前の付けようがない。それゆえ、ここを**アナーマ**（名前のない世界）という。

タポーローカ——第六次元の世界

次に位するのが、**タポーローカ**（聖霊の世界）である。聖霊は、いかなる有限の観念にも、永遠にその普遍性を妨げられないため、'永遠不変の忍耐' といわれる。ここは、神の子といえども、そのままでは近づくことができないため、**アガマ**（近づきがたい世界）という。

ジャナローカ——第五次元の世界

次が、**ジャナローカ**（聖霊の反映である神の子の世界）で、'個別観をもつ自己' の観念が、この世界からはじめて生ずる。この世界は、マーヤの支配下にある被造物にとっては理解することができないので、**アラクシャ**（理解しがたい世界）という。

マハルローカ——第四次元の世界

次が、**マハルローカ**（宇宙原子の世界）で、マーヤの創造活動がここから始まり、この上を聖霊が照らして、光を反映させている。この世界は、聖なる霊の世界と現象（マーヤ）の世界とを結ぶ通路のようなもので、**ダシャマドワーラ**（門）といわれる。

スワルローカ——第三次元の世界

宇宙原子のすぐ外側にあるのが、**スワルローカ**（宇宙電気とその磁気的属性の世界）である。この世界には、まだ物質はもとより精妙な被造物（幽体）も全く存在していないため、**マハシュニヤ**（超真空の世界）という。

ブヴァルローカ——第二次元の世界

次が、**ブヴァルローカ**（宇宙電気の電気的属性の世界）である。この世界には、精妙な被造物はあるが、粗雑な被造物（物質）は何も存在しないため、**シュニヤ**（真空の世界）という。

ブーローカ——第一次元の世界

最後の最も低い次元の世界が、**ブーローカ**（最も粗雑な属性である物質の世界）で、われわれがふだん見ている世界である。

サプタ・パーターラ――七つの教会

神は人を、ご自身のすがたに似せてつくられたので、人間のからだは、この宇宙のすがたに似ている。人間のからだの中には、**パーターラ**と呼ばれる七つの**生命力の中枢**がある。人は、内なる‘自己’に向かって正しい道筋をたどって進んで行くと、これらの場所に、聖なる霊光を見るようになる。これらの場所は、聖書の中で‘七つの燭台’または‘七つの教会’として述べられ、また‘星’のように見えるその光は、‘七人のみ使’と記されている。

> 「振り向くと、七つの金の燭台が目についた。そして、それらの燭台の真ん中に、……人の子のような者が居た」（ヨハネの黙示録 1:12, 13）
>
> 「彼は、その右手に七つの星を持ち……」（同上 1:15）
>
> 「七つの星は、七つの教会のみ使いであり、あなたが見た七つの燭台は、七つの教会である」（同上 1:20）

十四のブヴァナ（創造の次元）

前述の、七つの世界（スワルガ）と、七つの生命力中枢（パーターラ）は、創造活動の主要な十四の**ブヴァナ**（次元、段階）を構成する。

1・14

त एव पञ्च कोषाः पुरुषस्य ।१४।

「プルシャは、五つのコーシャ（殻）に包まれている」

五つのコーシャ

全能の創造力（反力）が活動するとき、プルシャ（神の子）は、五重の**コーシャ**（殻）に包まれる。

第一のコーシャ——チッタ（心）

第一の殻は、心（チッタ）で、これは前述の四つの観念をもって構成された宇宙原子であり、知覚したり、楽しんだりする。こうして、至福（アーナンダ）の座であるところから、**アナンダマヤ・コーシャ**と呼ばれる。

第二のコーシャ——ブディ（理性）

第二の殻は、宇宙電気とその磁界で、これは、真理を識別する理性の現れである。このように英知（ギャーナ）の座であるところから、**ギャナマヤ・コーシャ**と呼ばれる。

第三のコーシャ――マナス（感覚意識）

第三の殻は、前述の感覚器官（ギャネンドリヤ）で構成されており、感覚意識（マナス）の座であるところから、**マノマヤ・コーシャ**と呼ばれる。

第四のコーシャ――プラーナ（生命エネルギー）

第四の殻は、前述の行為器官（カルメンドリヤ）で構成されたプラーナ（生命エネルギー）のからだであるところから、**プラナマヤ・コーシャ**と呼ばれる。

第五のコーシャ――物質

最後の第五の殻は、宇宙原子のいちばん外側の殻である物質で、これは、互いに他のものの食物（アンナ）（または養分）となって再循環しながら、この物質世界を維持している。このため、**アンナマヤ・コーシャ**と呼ばれる。

愛の活動

反力としての全能の創造力の活動がこうして完了すると、心の内奥に宿る**全知の愛**が引力として活動を始める。この引力の影響を受けると、宇宙原子は互いに引き付け合い、凝集して、エーテル、気体、火、液体、および固体という形をとる。

鉱物界

こうして、この物質界に、太陽や、惑星や、衛星が出現する。われわれは、これを鉱物界と呼ぶ。

植物界

聖なる愛の引力としての活動が、このようにして発達すると、逆に、全能の創造力の現れであるマーヤの粒子、アヴィディヤ（無知）の活動が衰退しはじめる。こうして、宇宙原子のいちばん外側の殻であるアンナマヤ・コーシャが取り除かれると、プラナマヤ・コーシャ（行為器官《カルメンドリヤ》の殻）が働きはじめる。この有機的状態になると、宇宙原子は、互いに密着し合ってその中心に凝集し、植物界となって現れる。

動物界

次に、プラナマヤ・コーシャが取り除かれると、マノマヤ・コーシャ（感覚器官《ギャネンドリヤ》の殻）が現れ出る。すると宇宙原子は、外の世界の性質を感知して、性質の異なる他の宇宙原子をも引き付け、喜びを味わうために必要なからだをつくり上げる。こうして、動物界が現れる。

人間

マノマヤ・コーシャが取り除かれると、ギャナマヤ・コーシャ（宇宙電気で構成された理性の殻）が感じられるようになる。すると宇宙原子は、正しい事と間違った事を判別する力を得て、理性をもつ人間となる。

デーヴァター（天人、天使）

人間が、心の内奥に宿る**聖なる愛**（聖霊）を発掘し、このギャナマヤ・コーシャを取り除くことができるようになると、いちばん内側の殻――四つの観念によって構成されている心（チッタ）――が現れ出る。このとき人は、**デーヴァター**（天人、天使）と呼ばれるものとなる。

サンニャシ（解脱者）

この、いちばん内側の殻である心を脱ぎ捨てると、もはや人を、このマーヤの現象世界に束縛するものは何もなくなる。彼はそこで、自由を達成した**サンニャシ**（解脱者、神の子）となり、**光の国**（聖なる霊の世界）にはいるのである。

1・15－16

स्थूलज्ञानक्रमात् सूक्ष्मविषयेन्द्रियज्ञानं स्वप्नवत् । १५ ।

तत्क्रमात् मनोबुद्धिज्ञानञ्चायातमिति परोक्षम् । १६ ।

「われわれが夢の中で見る事物は、夢から覚めてみれば、何ら実体のないものであることに気が付く。これと同様に、ふだん顕在意識で認識している事物も、実際に存在しているわけではなく、単にわれわれがそのように想像しているにすぎない」

眠っているときと目ざめているときの比較

われわれがふだん目をさましているときの、周囲の事物に対する感じ方や認識のしかたと、眠って夢を見ているときの、夢の中の事物に対するそれとを比較してみると、その類似性から、自然に、この物質世界も実際はわれわれが感じているような存在（もの）ではない、ということに気が付く。

そして、このことをさらに深く観察してみると、われわれが目をさましているときの認識作用は、すべて何ら実体のあるものではなく、それは単に、五つの感覚対象（タンマートラ）（内部にある五つの宇宙電気の陰性の属性）と、五つの感覚器官（ギャネンドリヤ）（同じく五つの宇宙電気の陽性の属性）とが、五つの行為器官（カルメンドリヤ）（五つの宇宙電気の中和性の属性）の仲介によって結合した結果生じた観念にすぎないことがわかる。

この結合は、感覚意識（マナス）の働きによってなされ、理性（ブディ）によって概念として把握される。このように、顕在意識（ふだん目をさましているときの意識）における認識は、すべて単なる想像であり、その知識は推測的理解（パロクシャ・ギャーナ）にすぎないことが明白である。

1・17

ततः सद्गुरुलाभो भक्तियोगश्च तेनापरोक्षः ।१७।

「人には、グル（聖なるものへ導いてくれる師）が必要である。グルは、われわれを目覚めさせて、バクティ（神への献身、自己意識の浄化）と、真理の体認へ導いてくれる」

人はいつサット・グル（聖師）にめぐり会えるか

人は、真理の体認（アパロクシャ・ギャーナ）によって外部世界の非実在性を理解すると、バプテスマのヨハネのもつ象徴的意義と、彼の内的状態がわかるようになる。この聖者は、人間の心の内奥に本来宿っている**聖なる愛**が発達した結果、聖なる光が見えるようになり、イエスがキリストであることを見抜いて証言したのである。

真剣な求道者が一定の進境に達すると、このような聖者にめぐり会う恩恵が与えられる。その人は、**サット・グル**（真理への道案内、救い主）として、求道者を霊的に導いてくれる。このような聖者の導きに忠実に従うことによって、求道者は、自分の全感覚器官の働きを、それらの共通の中枢である**スシュムナドワーラ**（内なる世界への入口）に集中することができるようになる。すると、そこを通して、宇宙波動オーム（コトバ、アーメン、'声'、'戸をたたくような独特の音'）が聞こえるようになり、また、聖霊の光を反映している内なるからだ 'ラーダ' が見えるようになる。* このラーダによって象徴される光り輝くからだは、'神から遣わされた先触れ' として、聖書の中では、バプテスマのヨハネによって象徴されている。

---

*（日本語訳注 ラーダは、神話では主クリシュナの恋人。すなわち、聖霊（クリシュナによって象徴される）の座を象徴する）

「アーメンという信頼すべき真理の証人、神によってつくられたものの根源であるおかたがこう言われる。……見よ、わたしは戸の外に立ってたたいている。だれでもわたしの声を聞いて戸を開けるなら、わたしはその中にはいって、彼と食をともにし、彼もまた、わたしと食をともにするであろう」（ヨハネの黙示録 3:14,20）

「ここに、神から遣わされた一人の人が居た。その名をヨハネといった。……彼は光ではなかったが、光についてあかしをするために来たのである。……彼は言った『わたしは、主の道をまっすぐにせよという、荒野で呼ばわる者の声である』」（ヨハネによる福音書 1:6, 8,13）

聖なる河――ガンガ、ジャムナ、ヨルダン

このオームの音は、ちょうど、未知の高い領域から流れ出て、物質界の中にのみ込まれてゆくという、河の流れに似た独特の性質をもっているところから、いくつかの宗教では、おのおのが神聖視している河をもってこれを象徴し、その名で呼んでいる ―― 例えば、ヒンズー教ではガンガ、ヴィシュヌ派ではジャムナ、キリスト教ではヨルダンなど。

第二の誕生

求道者は、自分の内なる‘光り輝くからだ’を見ると、さらに、この宇宙の‘命’である聖霊の光（まことの光）に深い信仰をささげながら、聖音（オーム）の河に浸って**洗礼**を受ける（自己意識を聖音の中に投入して浄化する）。この‘洗礼’が**バクティ・ヨガ**と呼ばれるもので、これは、人間のいわば**第二の誕生**である。だれでも、この過程を通らずには、真の内なる世界、**神の国**を体験することはできない。

> 「それは、この世に生まれるすべての人々を照らすまことの光であった」（ヨハネによる福音書 1:9）

> 「よくよくあなたに言っておく。だれでももう一度生まれなければ、神の国を見ることはできない」（ヨハネによる福音書 3:3）

アパロクシャ・ギャーナ（真の知識）

こうして**人の子**は、**悔い改め**（自己意識の浄化）に入り、外界に向けていた姿勢を反転して、物質世界から、自己の実体であり宇宙唯一の真の実体である**父なる神**のもとに帰りはじめるのである。求道者は、**無知**（アヴィディヤ）の発達が停止すると、しだいに、**マーヤの正体**——すなわち、宇宙は、唯一の真の実体である神が、変幻自在なご自身のからだをもって、ご自分の意識のうえに演じておられる、観念の遊戯にすぎないという実態――を‘体認’するようになる。こうして得られる**真の知識**（内的実現（さとり））を**アパロクシャ・ギャーナ**という。

1・18

यदात्मनः परमात्मनि दर्शनन्ततः कैवल्यम् ।१८।

「最終の解脱は、自己を至高の実体に合一させて、普遍の自己を実現したとき、達成される」

サンニャシ（キリスト、救い主）

無知（アヴィディヤ）の働きがことごとく消滅して、心が完全に浄められ、純化された人は、もはや聖霊の光を反映するだけでなく、自ら積極的にそれを現すようになる。こうして神性を具現した人（油を注がれた人）が、サンニャシ（解脱者、キリスト、救い主）である。

「ある人の上にみ霊が降ってとどまるのを見たら、その人こそは、聖霊によって洗礼を授けるかた（救い主）である」（ヨハネによる福音書 1:33）

光の河で洗礼を受ける

人の子は、この救い主(グル)に助けられて聖霊の光の河で再び**洗礼**を受け、'自己' を浄化する。そして、現象(マーヤ)の世界から脱出して聖なる霊の世界に入り、ナザレの師イエスの場合と同じように、**神の子**（アバーサ・チャイタニヤ、プルシャ）となる。この状態に達すると、人は、永遠にマーヤの束縛から解放されるのである。

「しかし、彼を受け入れた者に、また、彼の名を信じた者にも、彼は神の子となる力を与えた」(ヨハネによる福音書 1:12)

「よくよくあなたに言っておく。だれでも水と霊とから生まれなければ（聖音(オーム)と聖霊(ひかり)によって自己を浄化しなければ)、神の国にはいることはできない」(ヨハネによる福音書 3:5)

自己をいけにえにする

人は、こうして聖なる霊の世界にはいり、**神の子**になると、遍在の光（聖霊）を '一つの完全なすべて' として認識するようになり、また、それまでの '個なる存在' としての自己意識が、オームの波に映った聖霊の光の、一つのきらめきの上に生じたいっときの観念にすぎなかったことを悟る。そこで彼は、神の祭壇である聖霊の光の中に、‘個なる自己’を**いけにえ**として献げる。すなわち、むなしい個別的存在観を捨てて、‘一つの完全な全体’となるのである。

カイヴァリヤ（神との合一）

こうして、父なる神を表わす聖霊と一体になった彼は、ついに、究極の真の実体である神と合一するのである。この‘自己’と‘不生不滅の永遠の実体である神’との一体化を、**カイヴァリヤ**という。

> 「勝利を得る者には、わたしとともに、わたしの座に着かせよう。それはちょうど、わたしが勝利を得て、わたしの父とともにそのみ座についたのと同様である」（ヨハネの黙示録 3:21）

अभीष्टम् ।

第2章　目標

2・1

अतो मुक्तिजिज्ञासा ।१।

「こうして、解脱に対する願望が生ずる」

解脱（完全な自由）は人生の最高の目標である

たとえ単なる推測的理解にせよ、人が、この現象世界の実相――自己なる存在と周囲の世界との真の関係――を理解し、また、自分が**マーヤ**の‘やみ’の力のために真実を見る目をくらまされ、‘真の自己’をも見失い、それがあらゆる苦悩の原因になっているという事実を理解すると、こうした**悪**（真理に反する状態）から解放されたいと願うようになる。そして、それを果たすためにマーヤの束縛から脱け出すこと（**解脱**）が、生涯の最も重要な目標となるのである。

2・2

मुक्तिः स्वरूपेऽवस्थानम् ।२।

「解脱とは、プルシャ（ジーヴァ、魂）が、真の自己の中に落ち着くことである」

解脱とは真の自己意識に復帰することである

人は、マーヤの四つの観念がつくり出したやみの世界（現象（かげ）の世界）から脱け出して、マーヤの影響を完全に超越したとき、いっさいの束縛から解放され、‘真の自己’である‘永遠の霊’のすみかに復帰する。

2・3

तदा सर्वक्लेशनिवृत्तिः परमार्थसिद्धिश्च ।३।

「そのとき、あらゆる苦悩は根絶され、最終の目標（真の満足、神性の実現）が達せられる」

解脱とは苦悩からの解放（救い）である

こうして解脱が達成されると、人は、あらゆる束縛や障害から完全に解放され、心の願望がすべて満たされるようになる。そうして、人生の最終の目標が達せられる。

2・4

इतरत्र अपूर्णकामजन्मजन्मान्तरव्यापि दुःखम् ।४।

「それが果たされるまでは、人は何回でも生まれ変わって、不満足と苦悩を経験しなければならない」

人はなぜ苦しまなければならないか

しかし、人は、自分の肉体を‘自己’と誤認し、‘真の自己’の中にある真の満足を見失っている間は、本心の願望は決して満たされず、不満としていつまでも残る。そして、それを満足させるために、彼は、何度も肉体という衣装をまとって人生という舞台に登場してくるのであるが、マーヤの支配下にあるかぎり、生死にともなう苦悩から逃れることはできない。

2・5－6

क्लेशोऽविद्यामातृकः ।५।
भावेऽभावोऽभावे भाव इत्येवं बोधोऽविद्या ।६।

「あらゆる苦悩はアヴィディヤから生ずる。アヴィディヤ（無知）とは、存在しないものを存在すると誤認し、また、真に存在するものを知らないことである」

無知とは何か

無知（アヴィディヤ）とは、真の存在や実相を知らず、また、存在しないものを存在すると錯覚する誤った認識をいう。人は、この物質世界を、存在する唯一のものであると信じ、‘それを超えたもの’の存在を知らない。そして、この物質世界が、本質的には何ら実体のないものであって、実は、被造物の理解を超えた**真の実体**（不生不滅の霊）が映し出している単なる‘観念の遊戯’であることを忘れているのである。そして、この**無知**（アヴィディヤ）は、それ自体が障害であるのみならず、人間のあらゆる障害の原因（‘原罪’）となっているのである。

2・7－12

तदेवावरणविक्षेपशक्तिविशिष्टत्वात्
　　क्षेत्रमस्मिताभिनिवेशरागद्वेषाणाम् । ७ ।
तस्यावरणशक्तेरस्मिताभिनिवेशौ विक्षेपशक्तेश्च रागद्वेषौ । ८ ।
स्वामिशक्त्योरविविक्तज्ञानमस्मिता । ९ ।
प्राकृतिकसंस्कारमात्रमभिनिवेशः । १० ।
सुखकरविषयतृष्णा रागः । ११ ।
दुःखकरविषयत्यागतृष्णा द्वेषः । १२ ।

「二極性の力をもつアヴィディヤ（無知）は、利己心、愛着、嫌悪、頑迷さ、として現れる。

マーヤの‘やみ’の力は、利己心と頑迷さをつくり出し、また、その二極性の力は、愛着（引力）と嫌悪（反力）をつくり出す。

利己心は、自分の‘からだ’と‘真の自己’との区別を見失った結果生ずる。

頑迷さは、物質的法則への屈服（魂の全能性を忘れて、物質世界の法則や力を絶対的なものと信ずること）より生ずる。

愛着とは、幸福をもたらすものを追い求めることである。

嫌悪とは、不幸をもたらすものを取り除こうとすることである。」

無知はあらゆる障害の原因である

この霊的無知（アヴィディヤ）が、あらゆる障害の原因になっているいきさつについては、前章で説明したように、アヴィディヤがマーヤの微粒子であり、その二つの性質をそのままもっていることから明らかである。すなわち、マーヤの、真実を隠蔽する‘やみ’の力（幻術）によって、人は、物質的次元を超越したものを理解することができなくなる。無知（アヴィディヤ）はこうして、宇宙原子（宇宙創造力の微粒子）が描き出した影にすぎない肉体を自己そのものと誤認する自我意識（利己心（アスミター））と、この現象界の事物を究極的価値のある実体であると信じ込む**盲目的頑迷さ**（アビニヴェーシャ）とをつくり出す。

無知（アヴィディヤ）はまた、マーヤのもう一つの性質である二極性を受け継いで、ある種のものに対しては引力を、また、別のものに対しては反発力を引き起こす。引力の対象とは、喜びをもたらす事物であり、これらに対しては**愛着**（ラーガ）を生ずる。反発力の対象とは、苦痛をもたらす事物で、これらに対しては**嫌悪**（ドウェーシャ）を生ずる。

2・13

क्लेशमूलं कर्म तद्विपाक एव दुःखम् । १३ ।

「苦悩の根源は、利己心の働きにある。無知から生じた利己心の働きは、不幸をもたらす」

人はなぜ束縛されるか

無知、利己心、愛着、嫌悪、および、物質的現象に対する頑迷さ――これら五つの**心の障害**（'罪'）のために、人は利己的行為をとるようになり、その結果、苦悩を味わわされる。

2・14－15

सर्वदुःखानां निवृत्तिरित्यर्थः । १४ ।

निवृत्तावप्यनुवृत्त्यभावः परमः । १५ ।

「人間の目標は、あらゆる苦悩を追放することである。
人は、あらゆる苦悩を、再びめぐって来ないように
完全に追放したとき、最終の目標に達する」

心の最終目標

あらゆる苦悩を取り除くことが、**心**（チッタ）（マーヤの支配下にある人間の本体）の**目標**（アルタ）である。いっさいの苦悩を、もはや再び生じないように完全に根絶することが、**心**（チッタ）**の最終目標**（パラマアルタ）である。

2・16－21

सर्वकामपूर्णत्वे सर्वदुःखमूलक्लेशनिवृत्तिः तदा
परमार्थसिद्धिः । १६ ।

सच्चिदानन्दमयत्वप्राप्तिरिति स्थिरकामाः । १७ ।

सद्‌गुरुदत्तसाधनप्रभावात् चित्तस्य प्रसाद एवानन्दः । १८ ।

ततः सर्वदुःखानां हानन्तदा सर्वभावोदयश्चित् । १९ ।

तत आत्मनो नित्यत्वोपलब्धिः सत् । २० ।

तदेव स्वरूपं पुरुषस्य । २१ ।

「実在と、意識と、至福は人間の心の中に本来ある三つの欲求である。

至福（アーナンダ）とは、本心（チッタ）が満足することであり、これは、聖師（サット・グル）（救い主）が教える道と方法に従うことによって得られる。

真の意識（チット）は、あらゆる心の障害を絶滅し、あらゆる徳性をもたらす。

実在（サット）は、魂の永遠不滅性を体認することによって達成される。

これらの三つは、人間の本来の性質を構成するものである。

すべての欲求が満たされ、あらゆる苦悩が根絶したとき、心の最終目標（パラマアルタ）が達成される」

人間が真に必要とするもの

人は生来、実在（サット）と、意識（チット）と、至福（アーナンダ）を強く求める。この三つは、人間の心にとって、必要不可欠なものであって、前章で述べたように、いっさいの外的条件とかかわりなく、本来人間の性質を構成している要素である。

至福（アーナンダ）はどうすれば得られるか

人は、だれか神性をそなえた聖師（サット・グル）（救い主）の助けを受ける幸運に恵まれて、その聖なる導きを受け、それに忠実に従って修行を積み、自分の注意力を完全に内面に集中することができるようになると、心のあらゆる願望を満足させることができるようになり、それによって**至福**（アーナンダ）（真の満足）が得られる。

真の意識（チット）はどうすれば現れるか

このようにして本心が満足すると、人は、自分の注意力を、任意の対象のうえに固定して、そのもののあらゆる面を知ることができるようになる。こうして、自分の内奥に宿っている**全知の意識**――神の最初の顕現であるオームをはじめ万物の中にあまねく内在すると同時に、真の自己でもある**チット**――が、徐々に現れてくる。そして、その意識の‘河’で洗礼を受けて‘悔い改め’（自己意識を浄化し）、自分が‘落ちて来る’前のすみかであった父のもとに帰り（神性を取り戻し）はじめるのである。

「だからあなたがたは、どこから落ちて来たかを思い起こし、悔い改めなさい」（ヨハネの黙示録 2:5）

実在（サット）はどうすれば実現できるか

人は、‘自己’なる意識の実態や、マーヤの創造活動の実相に目覚めると、それを超えた絶対的な力をもつようになり、無知（アヴィディヤ）が生み出したあらゆるものをしだいに取り除いてゆく。こうして、マーヤの支配から解放されると、ついには、自分が‘永遠に存在する不生不滅の実体’であることを体認するようになる。このようにして、‘自己’の実在（サット）が実現する。

心の最終目標を達成するには

人間の本体である心にとって必要不可欠な要素である実在（サット）と、真（チット）の意識と、至福（アーナンダ）のすべてが満たされると、あらゆる悪（非真理）の母体である無知（アヴィディヤ）が消滅し、それによって、あらゆる苦悩を引き起こしていた原因が永久に取り除かれる。こうして、心（チッタ）の最終目標（パラマアルタ）が達成されるのである。

2・22

तदा सर्वकामपूर्णोपरमार्थसिद्धिकात् गुणानाम्प्रतिप्रसव
आत्मनः स्वरूपप्रतिष्ठा, तदेव कैवल्यम् ।२२।

「人は、その本来の性質を完全に取り戻すと、単に聖なる光を反映するだけでなく、すすんで霊なる神と一体になる。この状態をカイヴァリヤ（神との合一）という」

究極の目標（救いの完成）

必要な要素がすべて満たされて最終の目標に達した**心**（チッタ）は、完全に純化されて、もはや聖霊の光を単に反映するだけでなく、それを積極的に現すようになる。こうして、聖霊によって浄められた（‘油を注がれた’）者は、**救い主**（キリスト）となる。彼は、聖なる光の世界にはいって、**神の子**となる。

この状態に達すると、彼は、‘個なる存在’としての自己意識が、普遍的な聖霊の光の一瞬のきらめきにすぎないことを悟る。そして、自分を一個の個別的存在と思っていたそれまでのむなしい観念を捨てて、‘永遠の霊’の中に帰入し、ついに**父なる神**と一体になる。この‘自己’と神との合一を**カイヴァリヤ**といい、これが、あらゆる被造物の究極の目標である。

「わたしが父の中に居り、父がわたしの中に居ることを信じなさい」（ヨハネによる福音書 14:11）

第3章　手順

3・1－4

तपःस्वाध्यायब्रह्मनिधानानि यज्ञः ।१।
मात्रास्पर्शेषु तितिक्षा तपः ।२।
आत्मतत्त्वोपदेशश्रवणमननिदिध्यासनमेव स्वाध्यायः ।३।
प्रणवशब्द एव पन्था ब्रह्मणः तस्मिन्
आत्मसमर्पणं ब्रह्मनिधानम् ।४।

「ヤギャ（礼拝、献げ物、いけにえ、自己意識の浄化）は、タパス（忍耐）と、スワーディヤーヤ（深い集中力による学習）と、ブラフマニダーナ（オームに対する瞑想）によってなされる。

タパスとは、いかなる環境のもとでも心を平静に保つ（寒暑、苦楽など、マーヤの二元的力の影響力を受けても心を乱されない）ことである。

スワーディヤーヤとは、霊的真理について読んだり、聞いたり、思索したりして、それについて明確な概念を確立することである。

プラナヴァ（聖音オーム）を瞑想することは、ブラフマン（神）に至る唯一の道である」

忍耐と、正しい信仰と、聖なる行

タパスとは、どんな苦難や誘惑の中でも、心の平静を保持して動じない宗教的抑制（忍耐）をいう。

スワーディヤーヤとは、深い集中力（マナナ）をもって学習（シュラヴァナ）し、思索（ニディディヤーサナ）し、それによって、真の信仰（**自己の実体**に対する信仰）についての概念を確立することである。すなわち、自分とは何者か、自分はどこから来て、どこへ行くのか、自分は何のために来たのかなど、これに類することがらについて明確な概念をもつことである。

ブラフマニダーナは、聖なる宇宙音オーム（プラナヴァ）の‘河’に浸って‘自己’の意識を浄化する‘洗礼’である。これは、救い（解脱）に至るための聖なる‘わざ’（行法）であり、人が‘落ちて来る’（マーヤのとりこになる）前のふるさと（父なる神のもと、真の自己意識）に帰るための唯一の方法である。

> 「わたしは、あなたの（日常の）わざと、愛と、奉仕と、信仰と、忍耐と、（聖なる）わざを知っている。そして、この最後のわざは、最初のわざよりもまさっている」
> （ヨハネの黙示録 2:19）

3・5－6

श्रद्धावीर्यस्मृतिसमाध्यनुष्ठानात् तस्याविर्भावः ।५।

स्वभावजप्रेम्णः वेगतीव्रता श्रद्धा ।६।

「オームは、シュラッダー（信仰心）と、ヴィーリヤ（堅固な求道心）と、スムリティ（真の概念を呼び起こす直観力）と、サマディ（真の精神集中）を養うことによって聞くことができる。

信仰心（シュラッダー）とは、心に本来宿っている聖なる愛が発達したものである」

聖音はどうすれば現れるか

聖音オーム（プラナヴァ・シャブダ）は、**シュラッダー**（信仰心、すなわち、心の内奥に宿る聖なる全知の愛（チット）が発達したもの）と、**ヴィーリヤ**（堅固な求道心）と、**スムリティ**（内在する全知の知識から真の概念を思い出す直観力）と、**サマディ**（真理に対する完全な精神集中）を養うことによって、自然に現れて来る。

聖なる愛の働き

心の本性である**聖なる愛**は、人が聖なる生涯に進むためには、不可欠で、しかも最も重要な要素である。神から贈られたこの神性が心に発動すると、これによって、からだに異常な刺激を与えているいっさいの原因が取り除かれて、からだは完全に正常な状態になる。すると、からだじゅうに活力が充満して、病原菌やその他の異物は、発汗作用などの働きにより自然に体外に排出される。こうして人は、身心ともに完全な健康状態となり、自然の導きを正しく理解できるようになる。

この愛が発達した人は、自分や周囲の人々の霊的進化の状態や、今生で果たすべき真の役割を理解できるようになる。

また、この愛が発達してくると、人は、神性をそなえた師にめぐり会うという幸運に恵まれ、その聖師（グル）を通じて、永遠の救い（マーヤの束縛からの解放）を受けることができる。反対に、この愛を育てないかぎり、人は、自然に順応した生き方をすることができず、また、自分を真の幸福へ導いてくれる聖なる人々との交わりをもつ縁にも恵まれない。このような人は、自然の導きを正しく理解することができないために、自分のからだの中に異物を取り入れ、それによって、しばしば異常な緊張や興奮を引き起こし、その結果、身心をそこなうことになる。そして、心の平安を得ることができず、人生が苦悩に満ちてくる。したがって、心の奥に宿っているこの天与の贈物を育てることは、救いにあずかるための第一の必要条件であって、これを育てずには、一歩たりとも救いへの道に進むことはできない。

「わたしはあなたのわざと、労苦と、忍耐とを知っている。また、あなたが悪い者たちを許しておくことができず、使徒と自称してはいるが使徒ではない者たちを試してみて、にせ者であると見抜いたことも知っている。

あなたは忍耐をしつづけ、わたしの名のために忍び通して、弱り果てることがなかった。

しかし、あなたに対して責むべきことがある。それは、あなたが初めの（聖なる次元の）愛から離れてしまったことである」（ヨハネの黙示録 2:2-4）

3・7－8

श्रद्धासेवितसद्गुरोः स्वभावजोपदेशपालने वीर्यलाभः । ७ ।

सर्व एव गुरवः सन्तापहारकाः संशयच्छेदकाः शान्तिप्रदायकाः

सत् तत्संगः ब्रह्मवत् करणीयः, विपरीतमसत्

विषवद्वर्जनीयम् । ८ ।

「ヴィーリヤ（堅固な求道心）は、聖師（グル）にシュラッダー（信仰心、愛）を献げ、その教えに忠実に従うことから生ずる。

われわれの苦痛を取り除き、不安を解消し、平安を与えてくれるものは、われわれにとってすべて、まことの師である。それらは、神と同じ働きをする。その反対のもの（われわれの苦痛や不安を増すもの）は、われわれをそこなうものであり、避けなければならない」

前章で述べたように、この現象世界は、本質的には、宇宙唯一の真の実体である神が、ご自身の**性質**（プラクリティ）をもって映し出しておられる単なる観念の遊戯である。したがって、神は、大宇宙の**グル**（至高の存在）であるが、この宇宙の万物もまた複雑多様な無数の相（すがた）をとって現れておられる神ご自身であり、グルである。

「イエスは彼らに答えられた『あなたがたの律法に「わたしは言う、あなたがたは神々である」と書いてあるではないか』」（ヨハネによる福音書 10:34）

「わたしは言う『あなたがたは神である。あなたがたはみな、いと高き者の子である』」（詩篇 82:6）

この宇宙で、われわれの不幸や不安を取り除き、平安を与えてくれるものは、生き物であろうとなかろうと、また、どんなにつまらないものであろうと、われわれはそれに最高の尊敬を払うべきである。たとえそれが、ほかの者からはどんなに軽蔑されるようなものであっても、自分としては、それを真理（**サット**、救い主）として受け入れるべきであり、その‘仲間’もまた、同様に受け入れるべきである。これと反対に、われわれの平安を破壊し、不安や不幸をもたらすものは、真理に反するもの（**アサット**、悪、幸福の破壊者）として遠ざけるべきである。インドの賢者は次のように言っている。

अप्सु देवो मनुष्याणां दिवि देवो मनीषिणाम् ।
काष्ठलोष्ट्रेषु मूर्खाणां युक्तस्यात्मनि देवता ॥

「ある者は、神は水（大自然）の中に居ると考え、また、ある者は、神は天（幽界）に居ると考えている。愚者は、神を、木や石（偶像）の中に求めるが、ヨギは、神が自分自身の内奥の聖所に居られることを知っている」

救いを求めるとき、人は自分の霊的進歩の程度に応じて、自分に理解できるものの中から**救い主**を選ぶ。例えば、病気はだれにとっても放っておけない災難であるが、無知な人は、たまたま与えられた水を飲んでから病気が快方に向かい全快したという経験をすると、水を神として礼拝するかもしれない。

また、自分の内なる‘電気的エネルギー’の光を見ることのできる哲学者は、自分の心の内奥の愛が発動して、その光に向かって流れ、それによって、体内に異常な刺激を起こしていた原因が取り除かれ、身心の組織が鎮静して正常な状態となり、それにともなって体内の活力が充実して、からだも心も完全に健康になった経験をすると、彼は、この光を、神または救い主として受け入れるであろう。

無知な人が、木や石のかけらを、神または救い主の現れとして受け入れると、たとえそれが迷信であっても、彼の心の愛が発動して、それによって、体内に異常な刺激を起こしていた原因が取り除かれ、身心の組織は鎮静して正常な状態となり、活力は充実するであろう。しかし、全現象界を完全に統御できるようになった超人たちは、神や救い主を、外界の事物の中にではなく、自己の内に確認しているのである。

深い愛を込めて聖師（グル）を思うこと

‘たえず聖師（グル）とともに居る’ということは、単に物理的にグルのそばに居るという意味ではなく——これはむしろ不可能であろう――心で常にグルを思い、グルに心の波長を合わせて、グルと思想的に一体になることをいうのである。

「単なる取り巻きは友ではない。それは顔の羅列にすぎない」とベーコンも言っている。それゆえ、神性をそなえたグルと交友を保つには、その師の面影や人柄をたえず心に思い浮かべて、意識の一致を心がけ、‘小羊のように’忠実に、その指導に従わなければならない。

「見よ、世の罪を取り除く神の小羊」（ヨハネによる福音書 1:20）

このようにして、‘聖なる兄弟たち’の崇高な境地をたえず思い浮かべることができるようになると、人は、それらの人々との交友がもてるようになり、さらに、その中から、自分の魂の師（サット・グル）（救い主）を選んでその導きを受けることができるようになる。

こうして、聖師（グル）に愛（不断の思慕と絶対の信頼）を献げ、たえずこの師と前述のような意味での交友を保ち、師があらゆる打算や期待を離れて惜しみなく与える導きに忠実に従うことによって――すなわち、**シュ**

ラッダーを養うことによって――ヴィーリヤ（堅固な求道心）が得られる。

3・9－11

तद्वीर्यं यमनियमानुष्ठानात् दृढभूमिः ।९।
अहिंसासत्यास्तेयब्रह्मचर्यापरिग्रहादयो यमः ।१०।
शौचसन्तोषसद्गुरुपदेशपालनादयः नियमः ।११।

「ヴィーリヤ（堅固な求道心）は、ヤマ（求道上の禁戒、自我（エゴ）の抑制）と、ニヤマ（求道上の規範）を守ることによって強められる。

ヤマは、他を傷つけぬこと、偽らぬこと、盗まぬこと、不節制をせぬこと、貪欲を起こさぬこと、より成る。

ニヤマは、身心の清浄を保つこと、満足を知ること、真理に従順であること、などである」

ヴィーリヤ（堅固な求道心）は、ヤマと、ニヤマを実行することによって養われる。

ヤマとは、宗教的戒律をいい、残酷な（思いやりを忘れた）心を起こさないこと、誠実であること、他人の持ち物を欲しがらないこと、自然の理にかなった生活をすること、必要以上のものを所有しないこと、等より成る。

また、**ニヤマ**とは、宗教的規範をいい、身心の清浄を保つこと（身体の内外に、病気の原因となる異物が溜まらないよう清潔にし、また、心を狭くする偏見を追放すること）、いかなる境遇にあっても満足を知ること、聖賢の教えや真理の導きに従うこと、などである。

自然の理にかなった生活とは

さて、自然の理にかなった生活を送るにはどうすればよいか——これを理解するためには、まず何が自然の理に反するかを考えてみる必要がある。すなわち、その違いは、(1) 食物と、(2) 住まいと、(3) 交友に対する選択から生ずる。野生の動物たちは、自然に順応して生きるために、本能と、感覚器官（視聴嗅味触の五官）の監視によって、それぞれ自分でその選択を行っているが、人間は、その感覚器官を、幼少期からあまりにも悪用しつづけたために、それらに正しい判断を期待することが困難になってしまった。そこで今、人間にとって何が本来自然の必要物であるかを知るためには、観察と、実験と、推理によらなければならない。

人間の本来の食物は何か

まず第一に、われわれの本来自然の食物が何であるかを知るために、消化器である歯と消化管の形状と、動物が食物を見つけたときに示す感覚器官の反応と、母乳について観察してみよう。

歯の観察

歯について見ると、肉食動物の場合は、門歯はあまり発達していないが、犬歯は獲物を捕えるために著しく長く、なめらかで、とがっている。そして、臼歯もまたとがっており、それらの先は上下が重ならず、獲物の筋肉繊維を引き裂くのに都合がよいように、横に沿って並んでいる。

草食動物の場合は、門歯が特に発達しており、犬歯は発達していない（もっとも、象のように、犬歯が武器として発達した例外もある）。また、臼歯は先が平たくて面積が広く、側面だけがほうろう質になっている。

果食動物の場合は、歯全体がほぼ同じ高さである。犬歯はわずかに長く円錐形であるが、鋭くはない（これは明らかに、獲物を捕えるための形ではなく、強くかむための形である）。臼歯は先が広くなっているが、食物をかんで歯を横にずらしたときに食物が歯の横へこばれ落ちないように、歯の上面にほうろう質のひだがあり、肉をかむのに好都合なとがった形はしていない。

一方、熊のような雑食動物は、門歯は草食動物のそれに似ており、犬歯は肉食動物のそれに似ており、臼歯は双方の目的に合うように、とがったものと平たいものの両方をそなえている。

さて、人間の歯を観察してみると、それは肉食動物の歯にも、草食動物の歯にも、雑食動物の歯にも似ていない。そして、まさに果食動物の歯の特徴をそのままもっているのである。このことからまず、人間のからだは果実（果物、木の実、穀物、根菜類など）を常食とする果食動物であると推論することができる。

消化管の観察

次に消化管を観察してみると、肉食動物の場合は、腸の長さが体長（口から肛門まで）の３倍ないし５倍で、胃の形状はほぼ球形をしている。草食動物の場合は、腸の長さが体長の20倍ないし28倍もあり、その胃は大きく複雑な構造をしている。これに対し、果食動物の場合は、腸の長さが体長の10倍ないし12倍で、その胃は肉食動物の胃よりやや大きく、しかも腸との間に、第二の胃である十二指腸をもっている。

これは、人間の消化管の構造と全く同じである。解剖学では、人間の腸の長さは身長の３倍ないし５倍であるとされているが、これは、前述の口から肛門までの体長のかわりに、頭の先から足の裏までの身長を基準にしているからである。以上のことからもまた、人間のからだは果食動物であると推論することができる。

感覚器官の観察

次に、動物の感覚器官が食物に対して示す本能的な反応について観察してみよう。つまり、あらゆる動物は、これによって自分の正しい食物を判別しているのである。肉食動物は、自分の食物を見つけると、大きな喜びが湧いてきて、そのため、目はらんらんと輝いてくる。そして、猛然と襲いかかって獲物を捕えると、流れ出る血を貪りなめる。これに反して、草食動物は、食物に血がかかっていると、それを避けて食べようとしない。彼らの嗅覚と視覚は、彼らが喜びをもって食べられるような他の草を選ぶように仕向けるのである。同様に、果食動物は、その本能的感覚の働きによって、食物を、木の実や草の実に求めようとする。

人間においては、どんな人種でも、その嗅覚や、聴覚や、視覚に刺激されて他の動物を襲って殺したくなるような本能はない。むしろ、他の動物が殺される場面を目撃するのは、耐えられないくらいである。そのため、屠殺場は町から離れた人目に付かない場所に造られるし、また、肉類をおおいなしで輸送することを禁じた法令も多い。このように、人間の目や鼻は、肉というものに対して、料理したり、調味料や香辛料でごまかさないかぎり、これを避けようとする性質がある。そのような肉が、人間の自然な食物であると考えることができるであろうか。一方、われわれは果物の香りを嗅ぐと、自然に喜びが湧いてきて、口の中が唾液で潤ってくる。穀物や根菜のたぐいも、わずかではあるが、調理しないままでも好ましい味や香りを感じさせる。このことからもまた、人間のからだは果食動物としてつくられたと推論されるのである。

乳児の食物の観察

もう一つ、母乳について観察してみよう。母乳は明らかに、生まれたばかりの子供の食物であるが、人間の母親は、自然な食物として、果物や、穀物や、野菜などを食べないと、充分な母乳が出ないのである。

病気の原因

以上に述べた観察から合理的に引き出される唯一の結論は、各種の穀物と、果物と、根菜類と、さらに飲料としては、乳と、空気や日光にさらされた清水とが、間違いなく、人間にとって自然な最良の食物だということである。これらの食物は、各人の消化機能に応じて摂取すれば、人体にとって最適であるため、よく咀嚼され、唾液と混じり合って、正しく人体に同化されるのである。

他の食物は、人間の本来自然の食物ではないため、人体に適合しておらず、胃に送られても、完全には人体に同化されない。血液の中に混入したそれらの異物は、排泄器官に送られたり、または、体内のいろいろな器官の内部に蓄積される。そして、それが排泄されないまま溜まってくると、引力の法則によって体内組織の間隙に沈澱し、やがて発酵して、肉体的あるいは精神的病気を引き起こし、ついには、早死にを招くことにもなるのである。

子供の発育

また、子供に、刺激的な材料を用いない自然の菜食を与えて実験したところ、その発育に及ぼす効果は、肉体的にも精神的にも、ほとんど例外なくすばらしいものであった。子供たちはまた、注意力、理解力、主要な技能、落ち着き、総体的な性格、等においても、正しい発育を示したのである。

自然に順応した生活は感情を静める

性欲を抑えるために、断食をしたり、からだを痛めつけたり、寺などにこもったりすることが行われているが、このような異常な手段によって目的が果たされることは、むしろまれである。しかし、修行上の大敵であるこの性欲も、前述のように、刺激性の材料を用いない自然の食物を常食とすれば容易に克服できることを、実験の結果は示している。このような自然の食事は、心の落ち着きをもたらすが、この心の落ち着きが、活発な思考力と、明晰な理解力と、適正な判断力を養ううえに最も大切であることは、心理学者の認めているところである。

性欲

ここで、自然な生殖本能について少し述べておこう。生殖本能は、自己保存本能に次ぐ、動物の最も強い本能である。性欲には、他のあらゆる欲望と同様、正常な状態のものと、異常で病的な状態のものとがある。

そして後者は、一にかかって、前述の不自然な食事によって体内に蓄積された異物から生ずるのである。性欲は、実は、きわめて正確な健康のバロメーターである。性欲を、その正常な状態からむりに発動させるものは、身体内部に蓄積された異物の圧力による神経的刺激である。この圧力は、生殖器官に働いて、性欲の昂進という形で現れ、後しだいに減衰してゆく。

正常な状態にある性欲も、心の落ち着きを妨げる情動を解消しようとして、生殖器官に働きかけるが、ごくたまにしか発動しないものである。他の欲望の場合と同様、性欲の場合も、前述の、自然に順応した生活を営むことにより正常に保たれることが実験により確認されている。

生命の木の根

生殖器官は、重要な神経——特に、交感神経と脊髄神経——の末端がそこで結合しており、それらが脳に接続していて、全身に活力を与えるようになっているため、生命の木の根のようなものである。性欲の使い方を正しく心得ている人は、身心を健康に保って快適な生活を送ることができるのである。

今日、一般社会では、性の問題を不浄で下品なこととしているため、実用的な性の健康の原理についての教育がなされていない。そのため、性について無知な人々は、厚かましくも、自然をヴェールでおおい隠そうとしている。彼らは、性を、自然の中にある醜い面だと思っているが、醜さは彼らの心の中にあるのであって、自然そのものの中にあるのではない。性の力を誤用することの危険性を知らず、不健全な生活から生ずる異常な性神経の刺激にほんろうされていると、病気を招き、ついには早死にをすることになるのである。

人間の住まい

さて第二は、住まいについてである。われわれは、山の上や、広々とした野原などで新鮮な空気を吸ったあと、混雑した部屋の中などにはいると、不愉快な気分を感ずる。このことから、町なかや混雑した場所が、人間にとって不自然な場所であることが容易に理解できる。山の上や、野原や、庭園や、広々とした風通しのよい乾いた場所の、樹木に囲まれた新鮮な環境は、人間の住まいとして、自然の理にかなった場所である。

交友の選択

第三は、交友についてである。われわれは、自分がどういう友を好むかということについて、内心の声に耳を傾けてみると、それは、心の通い合う磁力を感じさせ、静かな落ち着きを与えてくれ、内的活力と、心の内奥の愛を呼び起こしてくれ、そして、自分の悩みを取り除いて平安を与えてくれるような相手であることがわかる。これはつまり、前に述べたように、われわれが**サット**（真理、救い主）の仲間と交わり**アサット**（反真理、悪）の仲間を避けるべきであることを示している。われわれは、真理（サット）の仲間と親しむことにより、健全な身心を保ち、快適な生活を送ることができ、寿命を伸ばすこともできるのである。これに反して、もし純粋な内心の声に耳を傾けず、自然の警告を無視して、悪（アサット）の仲間と交わっていると、逆の結果となり、健康はそこなわれ、寿命も縮められることになるのである。

自然な生き方と浄化の必要性

以上に述べたように、自然の理にかなった生活を送ることによって身心の浄化をはかることは、**ヤマ**（求道上の戒め）を守るうえにも、**ニヤマ**（求道上の規範）を実行するうえにも大切であって、そのためには、われわれはあらゆる努力を試みるべきである。

3・12－18

ततः पाशक्षयः ।१२।

घृणालज्जाभयशोकजुगुप्साजातिकुलमानाः पाशाष्टकम् ।१३।

तदा चित्तस्य महत्त्वम् वीरत्वं वा ।१४।

गार्हस्थ्याश्रमोपयोग्यासनप्राणायामप्रत्याहारसाधनेषु
योग्यता च ।१५।

स्थिरसुखमासनम् ।१६।

प्राणानां संयमः प्राणायामः ।१७।

इन्द्रियाणामन्तर्मुखत्वं प्रत्याहारः ।१८।

「これ（ヤマとニヤマの実行）によって、心の束縛が消える。

憎悪、恥辱、恐怖、悲嘆、非難、人種的偏見、血統的優越感、虚飾は、心の八つの束縛である。

これらの束縛が取り除かれると、心がおおらかな状態になる。

こうして人は、アサナや、プラーナヤーマや、プラティヤハーラを行ずるにふさわしい者となる。そして（欲望がことごとく満たされ、それらから解放されるようになると）、世間的な生活も楽しく送ることができるようになる。

アサナとは、身体の、安定したしかも楽な姿勢をいう。

プラーナヤーマとは、プラーナ（生命力）を制御することをいう。

プラティヤハーラとは、感覚を外界の対象から引き揚げることをいう」

心の八つのゆがみ

ヴィーリヤ（堅固な求道心）が確立すると、救い（解脱）への道に横たわるさまざまな精神的障害を克服することができるようになる。その障害には、憎悪、恥辱、恐怖、悲嘆、非難、人種的偏見、血統的優越感、および虚飾の八種類があり、これらは、**心のゆがみ**である。

心のおおらかさを呼び起こす

これら八つの障害が取り除かれると、**おおらかな心**（マハトワムまたはヴィラトワム）が現れてきて、これによって求道者の、**アサナ**（安定したしかも楽な姿勢を持続すること）と、**プラーナヤーマ**（不随意神経に働く生命エネルギー（プラーナ）を制御すること）と、**プラティヤハーラ**（外界に向かって働いていた随意神経の生命エネルギーを引き揚げて、内面に集中すること）を実習する準備が整う。そして、これらの行法を実習すると、日常生活（ガールハスティヤ・アーシュラマ）における感覚対象を意のままに楽しんで、しかも本心の満足が得られるようになる。

プラーナヤーマの効用

人は随意神経を、いつでも自分の欲する行動のために働かせることができ、また、疲れたら休ませることができる。すべての随意神経が休息を欲すると、人は自然に眠り、この眠りによって、随意神経は活力を回復して、再び元気に働けるようになる。しかし、不随意神経は、本人の意志とは無関係に、生まれたときからずっと働いている。人はふつう、それを制御する力をもっていないので、その活動には全く干渉することができないが、これらの神経もまた、やがて疲れて休息を必要とするようになり、自然に‘眠る’。この不随意神経の‘眠り’を**マハーニドラ**（大いなる眠り）または死という。この‘眠り’にはいると、血液循環や、呼吸や、その他の生命機能が停止して、肉体は自然に崩壊を始める。しばらくして、この‘大いなる眠り’の期間が過ぎると、人は‘目を覚まし’、眠りにはいる前に果たしきれなかった欲望を果たすために、再び新しい肉体に宿って生まれる。こうして人は、自らを生死の輪廻に束縛して、最終の**救い**（解脱）に到達することができないのである。

死を制御する

しかし、求道者が、前述の**プラーナヤーマ**によって、不随意神経を制御することができるようになると、ちょうど随意神経を睡眠によって休ませるのと同様に、肉体の老廃作用を休止させて、心臓や、肺や、その他の内臓の不随意神経を一時的に休息させることができるようになる。こうして、プラーナヤーマによって休息を与えられた不随意神経は、活力を補給されて、再び生き生きと活動できるようになるのである。

随意神経が睡眠によって休息をとると自然に目を覚ますように、人は、死後十分な休息をとると自然に目を覚まし、再び地上の新しい肉体に宿って再生する。もし人が、任意に'一時的に死ぬ'ことができれば——すなわち、自分の随意神経と不随意神経のすべてを、プラーナヤーマによって毎日意識的に休息させることができれば——全身にいつも活力を満たして活動することができるのである。

プラーナヤーマをたゆまず実習するヨギは、生と死を自分の制御下に置くことができるようになる。たいていの人は、自分の**カルマ**を十分に果たさないうちに死を強いられることになるが、ヨギは、こうして自分の肉体を早死にから救い、欲するだけ現在の肉体にとどまっていることができる。そのため、一つの肉体で（一回の生涯で）カルマを果たすだけの十分な時間的余裕をもつことができ、その間にいろいろな欲望を果たして心を満足させ、生まれ変わりの原因を根絶することができるのである。そして、心が完全に浄化されると、彼はもはや、マーヤの支配下にあるこの世界に生まれ変わって‘第二の死によって悩まされる’必要がなくなるのである。

> 「わたしがキリスト（聖なる意識）の中にもつわれらの喜びによって言うが、わたしは日々死んでいるのである」（コリント人への第一の手紙 15:31）

> 「死に至るまで信仰を捨ててはならない。そうすれば命の冠を与えよう。……試練を克服した者は、第二の死によって悩まされることはない」（ヨハネの黙示録 2:10, 11）

プラティヤハーラの必要性

人は、欲望をいだくと、それを果たして楽しむ。しかし、楽しむときに、感覚器官を欲望の対象に向けて働かせている間は、決して本心の満足を得ることができず、その欲望は倍加する。これに反して、もし感覚器官を‘内なる自己’に向けて働かせることができると、直ちに本心の満足を得ることができる。それゆえ、この世の欲望を‘果たしきる’ためには、随意神経の生命エネルギーを自分の内面に振り向ける**プラティヤ**

ハーラの方法をとることが望ましい。人は、自分の地上の欲望がすべて果たされて、それらによる束縛から解放されるまでは、何度でも生まれ変わって来なければならない。

アサナの必要性

人は、感覚的に快適な状態にないと、正しく直観を働かせることも、正しく考えることもできない。また、人間のからだは、各部分がたいそう巧妙に関連しあっているため、どこか一部が少しでも苦痛を感ずると、からだ全体が影響される。したがって、心の直観力によって物事の実相を把握するには、安定した、しかも楽な姿勢を持続できるように、**アサナ**を実習しなければならない。

3・19－22

चित्तप्रसादे सति सर्वभावोदयः स्मृतिः ।१९।
तदेवार्थमात्रनिर्भासं स्वरूपशून्यमिव समाधिः ।२०।
ततः संयमस्तस्मात् ब्रह्मप्रकाशकप्रणवशब्दानुभवः ।२१।
तस्मिन्नात्मनो योगो भक्तियोगस्तदा दिव्यत्वम् ।२२।

「スムリティ（真の概念を知る直観力）は、あらゆる創造物に関する知識を得させる。

サマディ（真の精神集中）は、個別的存在意識から普遍的存在意識に目覚めさせる。

こうして、サンヤマ（自我意識の抑制）が達せられると、それによって、神の現れであるオームの波動を体験する。

このようにして、魂はバクティ・ヨガ（オームによる洗礼、自己意識の浄化）を実現する。これが神性を達成した状態である」

スムリティ（真の概念作用、直観）

求道者は、前述の行法に習熟すると、あらゆる創造物を、感覚を通さず直接心によって、知覚したり、また、その概念を把握したりすることができるようになる。この、心の直観力による概念作用を**スムリティ**といい、これによって**真の概念**を得ることができる。

サマディ（真の精神集中）

このようにして得られた概念を基に、その対象に向けて自分の全注意力を集中し、自分を完全に忘れて、自分自身とその対象とが意識のうえで一体になったとき、この状態を**サマディ**（真の精神集中）という。

プラナヴァ・シャブダ（神のコトバ）

求道者が、自分のすべての感覚器官を、それらの共通の感覚中枢**スシュムナドワーラ**（**トリクティ**、内部世界への門）に向けて働かせると、彼は、自分の内なる光り輝くからだ‘ラーダ’(バプテスマのヨハネによって象徴される‘神から遣わされた先触れ’)を見、**プラナヴァ・シャブダ**（聖音オーム、神のコトバ）の‘戸をたたくような’独特の音を聞くようになる。

> 「ここに神から遣わされた一人の人が居て、その名をヨハネといった」(ヨハネによる福音書 1:6)
>
> 「その人は、あかしのために来た。光についてあかしをし、彼によってすべての人がそれを信ずるためである」(同上 1:7)
>
> 「わたしは、荒野で呼ばわる者の声である」(同上 1:23)

サンヤマ（‘自己’の集中）

このようにして光を見ると、求道者の心に、聖なる真の光に対する強い信仰心が湧いて来る。そうすると、しだいに、外部世界に向けて働いていた意識が引き揚げられて、完全に内部の感覚中枢に集中する。この、意識の完全な集中、すなわち、自己の集中を**サンヤマ**という。

バクティ・ヨガ（洗礼、第二の誕生）

自己意識を内部の感覚中枢（スシュムナドワーラ）に集中するこのサンヤマによって、求道者は、聖音オームの中に溶け込んでゆく。この聖音の河による‘洗礼’（自己意識の浄化）を**バクティ・ヨガ**という。こうして彼は‘悔い改める’——すなわち、外の物質世界に向けていた意識を内に振り向け、自分が‘落ちて来る’前のふるさとである‘父のもと’(真の自己) に向かって上昇を始める。そして、内部世界への門である感覚中枢を通って、内なる世界**ブヴァルローカ**にはいる。この内なる世界にはいることが、‘第二の誕生’であり、この状態を通って、人は**デーヴァター**（天人、天使）になるのである。

3・23

मूढविक्षिप्तक्षिप्तैकाग्रनिरुद्धाश्चित्तभेदास्ततो
जात्यन्तरपरिणामः ।२३ ।

「（下記解説と同じ）」

人間の心の五つの状態

人間の心（チッタ）の状態を五つに分類することができる。すなわち、暗黒、発心、精進、不動、および清浄の五つで、これらの心の状態が、その人の霊的進化の程度を表す。

3・24

मूढचित्तस्य विपर्ययवृत्तिवशाद् जीवस्य शूद्रत्वम्, तदा ब्रह्मणः
कलामात्रेन्द्रियग्राह्यस्थूलविषयप्रकाशात् कलिः ।२४ ।

「心が暗黒の状態にある人は、万事に誤った概念をいだく。これはアヴィディヤ（無知）によるものであり、この状態は、シュードラ（最下級の人）をつくりだす。この種の人は、物質界の概念しか理解することができない。カリ・ユガ（宇宙周期の暗黒期）においては、ほとんどの人が、この状態の心をもっている」

暗黒の心

心が暗黒（やみ）の状態にあると、人は誤った概念をいだく。彼は、宇宙のごく一部にしかすぎないこの物質世界が、存在する唯一の実体であって、そのほかには何もない、と考える。このような考えは、前に述べたように、真実に反するもので、これは**無知**（アヴィディヤ）のしわざによるものである。

シュードラ（隷属する者）

この状態の人が**シュードラ**（隷属する者）と呼ばれる階級である。それは彼が、自分よりも高い状態の人々に奉仕して、それらの人々と交わることによって、より高い状態に進化するよう義務づけられているからである。

カリ・ユガ（暗黒期）

人間のこの状態を**カリ**といい、一つの太陽系において、人類が一般にこの状態にあって、それから脱け出す（進化する）力を剥奪された時期を、その太陽系の**カリ・ユガ**（暗黒期）という。

3・25－26

ब्रह्मणः प्रथमपादपूर्णत्वे द्वितीयसूक्ष्मविषयज्ञानाप्राप्तसन्धिकाले
चित्तस्य विक्षेपस्तदा प्रमाणवृत्तिवशात् क्षत्रियत्वम् ।२५ ।
ततः सद्गुरुलाभो भक्तियोगश्च तदालोकान्तरगमनम् ।२६ ।

「ブラフマ（神）の計画の第一段階が過ぎると、人

は啓発への道を進みはじめ、自然進化におけるクシャトリヤ（苦闘する者）と呼ばれる段階にはいる。彼は、進化の力に促されて発心し、真実を求めて苦闘する。そして、師（グル）を求めて、その聖なる導きを受ける。こうして、クシャトリヤに属する人は、'より高い理解' の世界に住むことができるようになる」

発心する心

人が少し目覚めかけてくると、ふだん経験している現実（物質世界）の事柄と、睡眠中に経験する夢の中の事柄とを比較してみて、夢の中の事柄が単なる自分の観念にすぎないことを理解すると、この物質世界の事柄についてもまた、ほかにその '実体' が存在するのではないか、という疑問をいだくようになる。そこで彼の心は、この宇宙の本質を知りたいと発心し、この疑問を解決しようと苦闘する。そして、'真実なるもの'（実体）の確証を探し求める。

クシャトリヤ（苦闘する者）

この状態にある人は、**クシャトリヤ**（苦闘する者）と呼ばれる階級に属し、前述のような苦闘を重ねるように、自然の進化のおきてによって定められている。

このような努力の結果、可視的現象世界の背後に隠れた実相を洞察する力が養われ、その理解が深められる。

サンディスタラ（移行期）

人間のこのクシャトリヤの状態は、**サンディスタラ**（移行期）といい、低い世界からその上の世界へ移る中間の状態である。この状態の人々は、真実に対する‘より深い理解’を求め、そのためにお互いの助け合いが必要となる。こうして、救い（解脱）に至るための最も重要な要素である**愛**が心に芽生えてくる。

この**愛**が心の中に成長するにつれて、人は、自分の苦悩を取り除き、疑問を解決し、自分に平安を与え、自分をもろもろの不幸から守ってくれるような人との交わりを心から望むようになる。そしてまた、神に目覚めた聖者たちの遺した聖典を科学的に研究するようになる。

人はいつサット・グル（救い主）にめぐり会えるか

このようにして、人は、**真の信仰**の意味を理解するようになる。そして、幸運に恵まれて、自分を霊的に導いてくれる聖師（グル）（救い主）となってくれる‘神のような友’にめぐり会うと、彼は、そのような聖者の価値がわかるようになる。そして、この師の聖なる導きに忠実に従って修行するうちに、やがて、感覚を**スシュムナドワーラ**（五つの感覚の共通の中枢、内なる世界への門）に振り向け、それに心を集中することができるようになる。すると、ラーダやバプテスマのヨハネによって象徴される、自分の‘光り輝くからだ’が見えて来、河の流れのような聖音（オーム、アーメン）が聞こえてくる。そして、その‘水’に浸って‘洗礼’を受け、途中いくつかの世界を通って、‘父のもと’へ帰るのである。

3・27

भूर्भुवःस्वर्महर्जनस्तपः सत्यमिति सप्त लोकाः । २७ ।

「宇宙には七つのローカ（世界）がある。すなわち、ブーローカ、ブヴァルローカ、スワルローカ、マハルローカ、ジャナローカ、タポーローカ、およびサティヤローカである。（この地上の物質世界と、人間意識の物質的次元が、ブーローカ）」

七つのローカ（世界）

神に至る道筋には、前章1・13に述べたように、東洋の賢者たちが**スワルガ**または**ローカ**と呼んだ、次のような七つの創造の段階（次元）がある。

1. **ブーローカ**（最も粗雑な素材である物質的属性で構成された世界）
2. **ブヴァルローカ**（精妙な素材、すなわち‘宇宙電気の電気的属性’で構成された世界）
3. **スワルローカ**（‘宇宙電気とその磁気的属性’で構成された世界）
4. **マハルローカ**（‘宇宙原子’または‘宇宙磁石’の世界）
5. **ジャナローカ**（聖霊の反映である‘神の子’の世界）
6. **タポーローカ**（遍在の‘聖霊’の世界）
7. **サティヤローカ**（唯一の真の実体である‘父なる神’の世界）

これら七つの世界のうち、前者三つ（ブーローカ、ブヴァルローカ、スワルローカ）は、マーヤの支配する**やみの世界**（現象世界）であり、後者三つ（ジャナローカ、タポーローカ、サティヤローカ）は、**光の世界**（聖なる霊の世界、神の国）である。そして、その中間にあるマハルローカは、現象世界と神の国とを結ぶ‘門’で、**ダシャマドワーラ**（十番目の門）または、**ブラフマランドラ**（神の国への通路）と呼ばれている。

3・28

भुवर्लोके ब्रह्मणः द्वितीयपादसूक्ष्मान्तर्जगत्प्रकाशाद् द्वापरः, जीवस्य द्विजत्वञ्च, तदा चित्तस्य क्षिप्तत्वात्तस्य वृत्तिर्विकल्पः ।२८।

「ブヴァルローカにはいると、人はドウィジャ（再び生まれた者）となる。彼は、宇宙の第二の領域――より精妙な力で構成されている世界――を理解する。この心の状態は、ドワパラ・ユガにおいて一般に広まる」

ドウィジャ（再び生まれた者）

人が、聖音オームの‘洗礼’を受けて‘悔い改め’、‘父のもと’へ戻りはじめ、ブーローカ（粗雑な素材で出来ている物質界）から自己意識を引き揚げて、ブヴァルローカ（精妙な素材で出来ている幽界）にはいると、**ドウィジャ**（‘第二の誕生’をした者）と呼ばれる階級に属する。この段階で、彼は、自分の内部の‘電気的力’すなわち‘創造物の精妙な第二の部分’を理解する。彼は、外界（物質界）の諸現象が実質的には存在しないものであり、それらは単に‘宇宙電気’の陰性（タマス）の属性である感覚対象(タンマートラ)と、同じく陽性(サットワ)の属性である感覚器官(ギャネンドリヤ)とが、中和性(ラジャス)の属性である行為器官(カルメンドリヤ)の仲介で、感覚意識(マナス)の命ずるままに結合して現れたものにすぎないことを理解する。

精進する心

人間のこの状態を**ドワパラ**といい、一つの太陽系において、人類が、その自然の周期の影響を受けて一般にこの状態にある時期を、その太陽系の**ドワパラ・ユガ**という。この時期にはいると、人の心は落ち着きを得て安定し、着実に精進の道を歩む。

こうして人が、引きつづき聖音オームの‘河’に浸って‘自己’を浄化すると、しだいに喜びが増してきて、心は、外部世界を離れてますます内部に向けられるようになる。

3・29

स्वर्गे चित्तस्यैकाग्रतया वृत्तिः स्मृतिस्ततः
ब्रह्मणस्तृतीयपादजगत्कारणप्रकृतिज्ञानवशात्
त्रेता, तदा विप्रत्वं जीवस्य ।२९।

「スワルローカにはいると、人は、現象世界の第三

の磁気的領域すなわちチッタの神秘を理解するようになり、ヴィプラ（完成に近づいた者）と呼ばれる。この心の状態は、トレータ・ユガにおいて一般に広まる」

不動の心

心がたえず‘内なるもの’に注がれて離れない不動の状態に達すると、人は、ブヴァルローカ（‘宇宙電気の電気的属性’の世界）から自己意識を引き揚げて、スワルローカ（‘宇宙電気とその磁気的属性’の世界）にはいる。彼はここで、チッタ（心）すなわち‘創造物の磁気的な第三の領域’を理解するようになる。このチッタは、第１章で説明したように‘霊化された宇宙原子’であり、また、この宇宙原子はアヴィディヤ（無知）であり、マーヤ（創造の魔術）の一微粒子であるから、このチッタを理解すると、全体のマーヤ（あらゆる創造物）が理解できるようになる。この状態に達した人は、**ヴィプラ**（完成に近づいた者）と呼ばれる階級に属する。人間のこの状態を**トレータ**といい、一つの太陽系において、人類が、その自然の周期の影響を受けて一般にこの状態にある時期を、その太陽系の**トレータ・ユガ**という。

3・30

महर्लोके चित्तस्य निरुद्धत्वात्तस्य वृत्तिर्निद्रा
ततः सर्वविकाराभावे ब्रह्मवत् स्वात्मानुभवात्
ब्रह्मणत्वन्तदाब्रह्मणस्तुरीयांशसत्पदार्थप्रकाशात् सत्यम् ।३०।

「真の悔い改めによって、人はマハルローカに達する。彼は、もはやマーヤの影響を受けず、清浄な心を保持するようになる。こうして彼は、自然進化の過程におけるブラフマナ（神を知る者）と呼ばれる階級にはいる。この心の状態は、サティヤ・ユガにおいて一般に広まる」

清浄な心

人が、なおも神に向かって上昇をつづけると、マハルローカ（'宇宙原子' または '宇宙磁石' の世界）に達する。ここにおいて、アヴィディヤ（無知）から生じた錯覚はことごとく消滅して、心は、あらゆる外部世界の概念から解放された清浄な状態となる。すると彼は、あらゆる創造物の中で最も本源的な霊の領域、すなわち、聖霊の光や、創造主や、宇宙の真の実体を理解するようになる。この状態に達した人は、**ブラフマナ**（霊性を達成した者）と呼ばれる階級に属する。人間のこの状態を、**サティヤ**といい、一つの太陽系において、人間がその自然の周期の影響を受けて一般にこの状態にある時期を、その太陽系の**サティヤ・ユガ**という。

3・31 – 32

तदपि संन्यासान् मायातीतजनलोकस्थे मुक्तसंन्यासी
ततः चैतन्यप्रकटिततपोलोके आत्मनोऽर्पणात् सत्यलोकस्थे
कैवल्यम् । ३१-३२ ।

「人が、聖霊の光を単に反映するだけでなく、自らこれを現すようになると、ジャナローカ（神の子の世界）に昇る。

それから彼は、タポーローカ（クタスタ・チャイタニヤの世界）に進む。

こうして、自己を個別的存在と意識する虚偽の観念を捨て去った彼は、ついにサティヤローカにはいり、究極の解脱、カイヴァリヤ（至上霊との合一）を達成する」

このようにして心が純化されると、彼はもはや、聖霊の光を反映するだけでなく、それを積極的に現すようになる。こうして、聖霊によって浄められた者（‘油を注がれた者’）は、**キリスト**（救い主）となる。

このように、聖霊の中に‘自己’を投じて二度目の‘洗礼’を受けることが、マーヤの世界を脱出して神の国(光の世界）にはいる唯一の道である。こうしてジャナローカに達した人を**‘ジーヴァンムクタ・サンニャシ’**(神の子）といい、ナザレの主イエスはこの状態に達した人である。

「よくよくあなたに言っておく。だれでも、水と霊とから生まれなければ、神の国にはいることはできない」(ヨハネによる福音書 3:5)

「イエスは彼に言われた『わたしは道であり、真理であり、命である。だれでも、わたしによらずに父のもとに行くことはできない」(同上 14:6)

この状態に達した人は、それまでの**自己**という意識が、**永遠の父なる神**の現れである**遍在の聖霊**の一瞬のきらめきのうえに宿ったはかない観念にすぎないことを理解する。そして、真の‘礼拝（ヤギャ）’の意義を理解し、神の祭壇である聖霊の前に、その**自己**なる意識を‘いけにえ’として献げる。こうして、自分を‘全体の中の一個の存在’と思う虚偽の自己観を捨てて聖霊の中に‘死んだ’（溶け入った）彼は、タポーローカ（聖霊の世界）に達する。

このようにして聖霊と一体になった人は、ついに**不生不滅の永遠の父**そのものと一つになって、サティヤローカにはいる。そこで彼は、すべての創造物が、本質的には、自分の‘属性’をもって映し出した単なる観念の遊戯にすぎず、また、宇宙には自分以外に何物も存在しないことを悟る。この一体化の状態を**カイヴァリヤ**（唯我独存）という。

「今から後、主の中に死ぬ死人は幸いである」（ヨハネの黙示録 14:13）

「わたしは父から出てこの世に来たが、またこの世を去って父のみもとに行くのである」（ヨハネによる福音書 16:28）

विभूतिः

第4章　実現

4・1–3

सहजद्रव्यतपोमन्त्रैः देहत्रयशुद्धिस्ततः सिद्धिः ।१।

सद्गुरुकृपया सा लभ्या ।२।

सहजद्रव्येण स्थूलस्य तपसा सूक्ष्मस्य मन्त्रेण
कारणदेहचित्तस्य च शुद्धिः ।३।

「人は、三つのからだを純化することによって、超人の境地に達することができる。また、グルの助けを得ることによっても、それに達することができる。

純化は、自然と、忍耐と、マントラによって達せられる。

濃厚なからだ（肉体）は自然によって純化され、精妙なからだ（幽体）は忍耐によって純化され、心はマントラによって純化される」

超人の境地に到達するには、すべての‘からだ’を純化しなければならない。**物質的からだ**の純化は、自然がそれといっしょにつくったもの（正しい食物や環境）によってなされ、**電気的からだ**の純化は、忍耐（タパス）（いかなる環境にも、たえず心の平静をさまたげられないこと——感覚と利己心の制御）によってなされ、**磁気的からだ**（霊化された宇宙原子、心〈チッタ〉）の純化は、**マントラ**（'心を純化するもの'）と呼ばれる呼吸の制御によってなされる。これらの純化の具体的な方法は、聖霊の光を経験してキリスト意識を会得した聖者のもとで学ぶことができる。

4・4－5

साधनप्रभावेण प्रणवशब्दाविर्भावस्तदेव मन्त्रचैतन्यम् ।४।
देशभेदे तस्य भेदात् मन्त्रभेदः साधकेषु ।५।

「マントラの聖なる効果によって、プラナヴァ（聖音オーム）が自然に聞こえるようになる。

この聖音は、求道者の進歩の程度（心の純化の程度）に応じて、さまざまに聞こえる」

聖師〈サット・グル〉の指導のもとに呼吸の制御法を実習していると、聖なる**コトバ**（プラナヴァ・シャブダ）が自然に聞こえてくるようになる。この**マントラ**（コトバ、プラナヴァ）に聞き入っていると、呼吸がしだいに静止し、それにつれて肉体の代謝作用も休止する。

この**プラナヴァ**は、求道者の進歩の程度、すなわち心（チッタ）の純化の程度に応じて、いろいろ異なった音で聞こえる。

4・6

श्रद्धायुक्तस्य सद्गुरुलाभस्ततः प्रवृत्तिस्तदैव
प्रवर्त्तकावस्था जीवस्य । ६ ।

「心に内在する神性 '聖なる愛' を耕した者は、グルの導きを得、サーダナ（霊的修行の道）に出発する。彼は、プラヴァルタカ（入門者）となる」

サット・グルとは何か、そしてサット・グルと交わりをもつにはどうすればよいか、についてはすでに述べたとおりである。人は､天与の神性**シュラッダー**（聖なる愛）が心に芽生えてくると、自然に**アサット**に属するものから遠ざかり、**サット**に属するものに親しむようになる。そして、サットに親しんでいるうちに、幸運に恵まれると、彼を霊的に導いてくれる聖師（サット・グル）にめぐり会う。そして、この師（グル）の神のような人柄に接しているうちに、弟子の心に、この迷妄（マーヤ）の世界から解脱（救い）に向かう変化（プラヴリティ）が生ずる。こうして彼は、その必要な第一段階である、**ヤマ**（求道上の禁戒）と**ニヤマ**（求道上の規範）の**入門者**（プラヴァルタカ）となる。

4・7

यमनियमसाधनेन पशुत्वनाशस्ततः वीरत्वमासनादिसाधने
योग्यता च तदैव साधकावस्था प्रवर्त्तकस्य ।७।

「ヤマとニヤマを実行することにより、心の八つのゆがみが消えて、徳性が現れてくる。こうして彼は、サーダカ（真の弟子）となり、救いが受けられるようになる」

前章で述べたように、ヤマとニヤマを実行していると、**心の八つのゆがみ**が消えて、**おおらかな心**が現れてくる。そこではじめて、人は、忍耐力の鍛錬や、そのほかサット・グルが指導してくれる、解脱（救い）に至るための行法を実習する用意が出来あがる。そして、それらの行法の実習を続けることによって**真の弟子**（サーダカ）となる。

4・8

ततः भावोदयात् दिव्यत्वं तस्मिन् समाहिते दैववाणी
प्रणवानुभवस्तदैव सिद्धावस्था साधकस्य ।८।

「彼は、しだいに神性を取り戻し、聖音オームを聞き、シッダ（聖者）となる」

弟子がいろいろな段階を通過しながらどのようにして物事の正しい概念を把握することができるようになるか、そして、瞑想を通じてどのようにして進歩してゆくか、そして最後に、注意力を‘内なる感覚中枢（スシュムナドワーラ）’に集中するときどのようにして独特の聖なる音（プラナヴァ・シャブダ）が聞こえ、それにつれて**自我意識**（アハンカーラ）（人の子）がその聖音の河の中に溶け込んで心が純化され、ついに**シッダ**（聖者、超人）となるか、については、第３章に述べたとおりである。

4・9

तत्संयमात् सप्तपातालदर्शनम् ऋषिसप्तकस्य चाविर्भावः ।९।

「すると彼は、聖霊の現れを見る。そして、七つのパーターラ・ローカ（脊髄の中枢）を通るとき、七人のリシを見る」

洗礼を受けながら（自我意識（スーラタ）を聖なる宇宙音（プラナヴァ・シャブダ）に溶け込ませるスーラタ・シャブダ・ヨガすなわちバクティ・ヨガを行じながら）、人は悔い改め（自己意識を浄化し）、‘自己’を外側の世界である物質界（ブーローカ）から引き揚げて、内側の世界である幽界（ブヴァルローカ）にはいる。そこで彼は、幽体の七つの中枢に七つの星のように輝いている**聖霊の現れ**（‘まことの光’）を見る。聖書では、この七つの中枢を‘七つの金の燭台’または‘七つの教会’にたとえている。また、‘七つの星’（聖霊の光）は、‘み使’またはリシともいわれ、‘人の子’の‘右手’（神に至る正しい道筋）に次々と現れる。

‘七つの金の燭台’と呼ばれる、幽体の‘輝いた場所’は、脳の中枢（サハスララ・チャクラ）、延髄の中枢（アギャ・チャクラ）、および五つの脊髄中枢——頸椎（ヴィシュッダ）、胸椎（アナハタ）、腰椎（マニプラ）、仙骨（スワディシュターナ）、尾骨（ムラダーラ）の各中枢（チャクラ）——として知られ、ここに聖霊の光が現れている。これら七つの中枢を通って、**人の子**（自我意識）は、神に向かって上昇してゆくのである。

「振り向くと、七つの金の燭台が目についた」（ヨハネの黙示録 1:12）

「それらの燭台の中央に、足まで垂れた上着を着、胸に金の帯を締めている人の子のような者が居た」（同上 1:13）

「その右の手に七つの星を持ち……」（同上 1:16）

「あなたがわたしの右の手に見た七つの星と、七つの金の燭台の奥儀はこうである。すなわち七つの星は、七つの教会のみ使であり、七つの燭台は七つの教会である」（同上 1:20）

「右の手に七つの星を持つ者、七つの金の燭台の

真ん中を歩く者が次のように言われる」(同上 2:1)

人の子（自我意識）は、こうして洗礼を受けながら(バクティ・ヨガを行じながら)、前述の七つの場所を次々と通り抜けるごとに、それらについての知識を得る。そして、それらのすべてを通り抜けたとき、彼は、この宇宙の実相を会得する。彼は、‘自己’を幽界（ブヴァルローカ）から引き揚げると、幽界（ブヴァルローカ）と物質界（ブーローカ）の源泉である根源界（スワルローカ）にはいる。そこで彼は､創造主（聖霊）の‘み座’である自分の心（チッタ）のまわりに輝いている霊妙な**磁気的からだ**を見る。それは**五つの宇宙電気**（パンチャ・タットトワ）と、**二つの磁極**(感覚意識（マナス）と理性（ブディ）) から成っており、七色の虹のように見える。あらゆる喜びを経験するための感覚器官（ギャネンドリヤ）、行為器官（カルメンドリヤ）、感覚対象（タンマートラ）の根源である、この宇宙電気と感覚意識と理性の世界で、人は、あらゆる欲望を経験して完全に満足し、また、それらに関するあらゆる知識を得る。そこで前述の霊妙なからだ（五つの宇宙電気と二つの磁極との七つの部分から成る根源体）を、聖書は、‘七つの封印のある巻物’といっている。

「また、み座のまわりには虹が現れていた」(ヨハネの黙示録 4:3)

「わたしはまた、み座にいますかたの右の手に、

巻物があるのを見た。その内側にも外側にも字が書いてあって、七つの封印で封じてあった」(同上 5:1)

4・10

तदा ज्ञानशक्तियोगक्रमात्
सप्तस्वर्गाधिकारस्ततश्चतुर्मनूनामाविर्भावः ।१०।

「それから彼は、ヨガの知識と力によって、七つのスワルガ（世界、天）を支配する能力を得る。彼は最初の（万物を生み出す基になった）四つの観念（マヌ）を会得することによって解脱（救い）に至る」

人の子は、このスワルローカを通り過ぎると、**宇宙磁石**（霊化した宇宙原子）の世界、マハルローカにはいる。これを構成するものは、顕現（波動（コトバ））、時間、空間、粒子（宇宙原子）の四つの観念である。第1章で述べたように、このマハルローカは、無知（アヴィディヤ）の現れであり、無知（アヴィディヤ）は、自己を個別的存在として認識する観念、自我意識（人の子）の根源である。このように、人（マーナヴァ）は無知から生まれ、無知は前述の四つの観念の現れであることから、これら四つの観念を、四つの**マヌ**（人の起源）という。

4・11

ततः भूतजयादणिमाद्यैश्वर्यस्याविर्भावः ।११।

「こうして、マーヤとアヴィディヤの力を征服すると、人は神と一体になる」

宇宙磁石（宇宙原子）の世界であるマハルローカは、現象世界と神の国との間の**門**（ブラフマランドラ、ダシャマドワーラ）である。人の子（自我意識）がこの門まで来ると、聖霊の光を体験し、その中で**聖霊による洗礼**（浄化）を受ける。そして、この門を通り抜けると、彼は、観念のつくり出した幻影（マーヤ）の世界（現象世界）を脱出して、**聖なる霊の世界**に入り、聖霊の光を受け入れて、**神の子**となる。こうして、人は神の子となると、マーヤのあらゆる束縛を克服し、**アイシュワリヤ**（神通自在力）を身につけるようになる。アイシュワリヤには八種類ある。

1. **アニマ**　自分のからだでも、そのほか何でも、自由にいくらでも小さく——原子（アヌ）の大きさにまでも——することができる能力

2. **マヒマ**　自分のからだでも、そのほか何でも、自由にいくらでも大きく（マハット）することができる能力

3. **ラギマ**　自分のからだでも、そのほか何でも、自由にいくらでも軽く（ラグ）することができる能力

4. **ガリマ**　自分のからだでも、そのほか何でも、自由にいくらでも重く（グル）することができる能力

5. **プラプティ**　何でも欲するものを手に入れる（アプティ）ことができる能力

6. **ワシットワ**　何でも思いのままに支配（ヴァシャ）することができる能力

7. **プラカミヤ**　不屈の意志の力によって、あらゆる欲望（カーマ）を満足させることができる能力

8. **イシットワ**　すべてのものの主（イーシャ）になることができる能力

「よくよくあなたがたに言っておく。わたしを信ずる者もまた、わたしのわざをなすであろう。そればかりか、もっと大きなわざをなすであろう。わたしが父のみもとに行くからである」（ヨハネによる福音書 14:12）

4・12

ततः सृष्टिस्थितिप्रलयज्ञानात् सर्वनिवृत्तिः ।
तदा मायातिक्रमे आत्मनः परमात्मनि दर्शनात् कैवल्यम् ।१२ ।

「創造活動の展開と、その中における生命活動の進化と、最終目標たる本源への融合について真の理解が得られると、しだいにマーヤの束縛が解けて、完全な解脱に近づいて行く。そして、'至高の自己' の中に自己を見いだしたとき、人は永遠の自由を得る」

こうして前述の神通自在力（アイシュワリヤ）を身につけると、人は、永遠の霊であり父である**唯一の実体**を、'すべてを包含する完全な一つのもの' として体認し、また、それまでの '自己' なる意識が、その聖なる霊光の一つのきらめきの上にしばしの間宿った単なる観念にすぎなかったことを悟る。これを会得した彼は、このむなしい '個なる自己' の観念を完全に捨てて、永遠の霊である父なる神に融合する。この**神との合一**こそ、本書がこれまで説いてきた人間の究極目標、**カイヴァリヤ**である。

「勝利を得る者には、わたしとともにわたしの座に着かせよう――ちょうど、わたしが勝利を得て、わたしの父とともにそのみ座についたのと同様に」(ヨハネの黙示録 3:21)

結　び

王宮も 牧場も 森も 戦場も
この人の世も 天国も
すべては 愛が支配する
愛は主にして 主は愛なれば*

愛の力は、ここに引用した詩の一節にもみごとに語られている。本書においてこれまで、愛は神そのものであることを、単なる詩人の優雅な情緒としてではなく、永遠の真理の金言として述べてきた。人は、いかなる宗教的教義に従おうと、また、いかなる社会的環境にあろうと、もし、自然が人の心に植え付けたこの支配原理を正しく耕すならば、このやみ（マーヤ）の世界の輪廻から救われる道を誤らず進むことができるであろう。

これまで本書が述べてきたことは、いかにしてその聖なる愛を掘り起こすか、掘り起こしたその愛をいかにして育てるか、その愛を育てたらいかにして師（グル）を見いだし、その師（グル）の助けによって聖霊の河で再び自己を浄め、神の祭壇の前に個なる自己をいけにえとして献

---

* サー・ウォルター・スコットの The Lay of the Last Minstrel（最後の吟遊詩人の歌）第３編第２連より。

げ、そして最後に永遠不滅の父と一体になるか、ということである。読者諸君が、この人生の偉大な目標を見失うことのないよう、心から願って結びとしたい。
聖哲シャンカラチャリヤはこう言っている――

“नलिनीदलगतजलमतितरलं तद्वज्जीवनमतिशयचपलम् ।
क्षणमिह सज्जनसंगतिरेका भवति भवार्णवतरणे नौका ॥”

「人生は、蓮の葉の上の水滴のように不安定で、たえず苦難にさらされている。しかし、たとえわずかな間でも聖者と交われば、救いを受けることができる」

著者について

スワミ・スリ・ユクテスワは、インド古代より連綿と現れ続けてきた「悟りを開いた聖哲(リシ)」の模範的人物であり、その人生と教えに啓発を受けた世界中の人々から、ギャナアヴァター（英知の化身）として、尊敬されてきました。スワミ・スリ・ユクテスワは、どの時代においても求道者の最高の目標であった、自己統御と神聖な悟りを体現していました。

幼少期〜青年時代

スワミ・スリ・ユクテスワは、1855年、コルカタ（カルカッタ）近郊のセランポールで、プリヤ・ナート・カラールとして生まれました。クシェトラナートとカダムビニのたった一人の子供でした。父のクシェトラナートは裕福な実業家で、一族はこの地域にいくつかの大きな不動産を所有していました。

少年のころから、若いプリヤの鋭い知性と知識欲は際だっていました。しかし、多くの偉人によく見られるように、少年は形式的な学校教育を嫌がりました。このため、あまり学校教育は受けませんでした。

父クシェトラナート・カラールは、息子がまだ少年のときに亡くなってしまいました。こうしてプリヤ・ナートは、たいへん若いときから、一族の不動産管理の責任を負わなければなりませんでした。成人するとすぐに結婚しましたが、妻は数年後に亡くなりました。たった一人の子であった娘は、のちに結婚しますが、しばらくして、まだ若いうちに亡くなってしまいます。

真理を探し求めるうち、プリヤ・ナートは偉大な師、ベナレスのラヒリ・マハサヤのもとへと導かれました。ラヒリ・マハサヤは、聖なる科学クリヤ・ヨガ瞑想こそ、神の悟りを達成する上でもっとも効果的であると絶賛し、この古代の科学を、近代においてはじめて分け隔てなく教えました。ラヒリ・マハサヤの指導を通じ、また自らクリヤ・ヨガを実践することにより、スリ・ユクテスワは至高の霊的境地に到達しました。その境地を、本書の中で次のように表現しています。「自分を一個の個別的存在と思っていたそれまでのむなしい観念を捨てて、'永遠の霊' の中に帰入し、ついに父なる神と一体になる。この'自己'と神との合一をカイヴァリヤといい、これが、あらゆる被造物の究極の目標である。」

『聖なる科学』の著述

スリ・ユクテスワは、東洋の霊的遺産と西洋の科学技術を統合させれば、現代世界の物質的・心理的・霊的苦悩を緩和するために大いに役立つことに気づきました。そして、それぞれの文化の建設的で優れた特徴をお互いに学べば、個人のレベルと国際的なレベルで、たいへんな進歩が得られると確信するようになりました。この着想は、1894年に、ラヒリ・マハサヤの師であるマハアヴァター・ババジとの驚くべき遭遇を果たすことで、実を結びました。この忘れることのできない遭遇の様子を、スリ・ユクテスワは次のように語っています。[1)]

『ようこそ、スワミジ』聖者は親しみのこもった声でわたしに呼びかけた。

『師よ、私はスワミではございません』わたしは答えた。

『わたしが神のご意志によってスワミの称号を与えた者は、後に必ずスワミになる』聖者の簡単な言葉には、確固たる真実のひびきがこもっていた。わ

---

1)『あるヨギの自叙伝』第36章参照

たしは、たちまち魂の高揚の波にのまれてしまった。突然スワミ僧団に加えられた[2]光栄と喜びに包まれて、わたしは、この偉大な聖者の足もとに低くひざまずいた……

『わたしは、お前が東洋ばかりでなく、西洋にも同様の関心をもっていることを知っていた』ババジは同感の意を示しながら言われた『わたしには、すべての人々に向けて開かれたお前の心の痛みがよくわかる。そのためにこそ、わたしはお前をここへ呼んだのだ。

東洋と西洋とは、その霊性と活動力を互いに調和させて、黄金の中道をつくり出すよう協力し合わなければならない』ババジはつづけられた。『インドは、物質的な面では西洋から多くの事を学ばなければならない。だがそのかわり、西洋に対しては、自分の宗教的信条を普遍的な法則の上に確立させるヨガの科学を教えることができる。

そこでスワミジ、お前にきたるべき東西両洋の交流にそなえて、ある役割を果たしてもらいたい。わ

---

2) スリ・ユクテスワは後に、ビハール州ブッダガヤの僧院長の引導によって正式にスワミ僧団に加入した。このときに、俗名を捨て僧侶名スワミ・スリ・ユクテスワ（“神との合一”）を用いるようになった。

たしは、これから数年後、お前に一人の弟子を送るつもりだ。彼を、将来西洋にヨガを普及させる人間として仕込んでもらいたいのだ。かの地に居る多くの真理探求者たちの魂の波動が、洪水のようにわたしのもとに押し寄せて来ている。わたしには、アメリカやヨーロッパに、聖者になる素質をもった多くの魂が開眼を待っているのが感じられる……

『スワミジ、ところでわたしはお前にもう一つ別の仕事を頼みたい』大師は言われた『お前は、キリスト教の聖書とヒンズー教の聖典の底に横たわる根本思想の一致について簡単な本を書いてくれないか。現在、人々はそれぞれの宗派に固執して、ほとんどこの事に気付いていない。両者の比較研究によって、双方の目覚めた神の子たちの説いた真理が一つであることを明らかにしてもらいたいのだ』

セランポールに帰ると、スリ・ユクテスワは本の著述にむけ、努力をはじめました。「それから静かな毎夜を、わたしは、バイブルとサナタン・ダルマ[3)]の比較研究に没頭した。」後には、次のように述べています。「イエス・キリストの言葉を引用しながら、その教え

3）語義は“永遠の宗教”であり、ヒンドゥー教の基礎をなすヴェーダの教理に対して与えられた名前である。

がヴェーダの啓示と本質的に同一であることを明らかにしていった。わがパラムグル[4]、ババジの恵みによって仕事は順調に進み、わたしの本『聖なる科学』は間もなく完成した。」

弟子を訓練する

年が経つにつれて、スワミ・スリ・ユクテスワは、霊的修行の弟子を受け入れるようになりました。セランポールの先祖代々の家が僧院となりました。後には、コルカタの南、300 マイル離れたプリの海沿いに、別の僧院を建設しました。

ババジは、ヨガを西洋に広めるために、スリ・ユクテスワのもとに一人の弟子を送ると約束していました。スリ・ユクテスワがその弟子に出会ったのは 1910 年、弟子の名前はムクンダ・ラル・ゴーシュといい、後にスリ・ユクテスワから、パラマハンサ・ヨガナンダという僧侶名を授かることになります。パラマハンサ・ヨガナンダは、自著『あるヨギの自叙伝』の中で、師のもとで霊的訓練を受けた年月を詳しく述べて、人の心を引きつける師スリ・ユクテスワの人物像を描き出しています。その中から、いくつかを抜粋して紹介します。

4) グルのグル、この場合はマハアヴァター・ババジを指す。

僧院での生活はほとんど変化なく、順調に過ぎて行った。先生は夜明け前に目をさまされ、ときには寝たままで、ときにはベッドの上にすわって、サマディ[5]の状態にはいられる……

そのあと、朝食は取らずにそのままガンジス河のほとりに長い散歩に出かけられる。先生といっしょに行ったあのころの朝のそぞろ歩きは、今でも何とあざやかに思い出されることであろう。それを思い出すと、私は今でも自分が先生のそばに居るような気がしてくる。河の水をぬるませている朝の日の光の中で、先生の声が英知のひびきのように高らかに聞こえて来る。

つづいて水浴、そして昼食である。食事は、毎日先生のさしずに従って若い弟子たちが念入りにしたくする。先生は菜食主義者であるが、僧侶になる前は、卵も魚も食べられたそうである。食事について、先生は弟子たちに、人間のからだに合ったものならば何をとってもよいが、質素な食事に満足できるようにならなければいけない、と教えられた。

---

5) サマディ(語義は“一つにつなぐ”)は至福に満ちた超意識状態で、この状態にあるヨギは、個性化した自分の魂と宇宙霊との合一を経験する。

午後になると、きまって多くの訪問客が訪ねて来た。この時間には、僧院の静寂の中に世俗が流れ込んで来る。先生は、どんな客にも分け隔てなくていねいで親切にふるまわれた。自分自身を肉体や自我でなく遍在の魂であると悟っている真の大師は、どんな人の中にも万人共通の類似性を観るのである。

夕食は晩の八時だったが、ときにはこの時刻になっても客が帰らずに居ることがあった。そんなときでも、先生は自分だけ食事をとるようなことはなかった。この僧院を訪れて、空腹や満たされぬ思いをいだいたまま帰る者は居なかった。先生はまた、どんなに思いがけない来客があっても、まごついたりあわてたりすることはなかった。そういうときには、その臨機応変のさしずによって、わずかな材料から驚くほどのごちそうがつくり出された。しかも先生はなかなかの経済家で、少ない資金を十二分に活用するすべを心得ておられた。「財布の許す範囲で気持よく暮らしなさい。浪費は不快を残すだけだ」先生はよくこう言われた。客の応対にしても、建築や修理のことについても、またあらゆることに、先生は細かいところまでその独自の創造精神を発揮された。

静かな夜になると、先生はしばしば貴重な講話をしてくださった。私には、その一刻一刻が財宝のように感じられた。どの言葉にも英知が彫り込まれており、その表現法は、崇高な自信に満ちた独特のものであった。私は、スリ・ユクテスワのような話し方をする人にはまだほかに出会ったことがない。先生は自分の考えを、まず精巧な“判断”のはかりにかけ、それからおもむろに口にされた。すると、真理のエッセンスが魂の香気のように流れ出て来て、周囲の者の体内にしみ透ってくるように感じられた。私はいつも、自分が生ける神の化身の面前に居ることを意識せずにはいられなかった。そしてその崇高な神性の前に、自然と頭が下がるのであった。

スリ・ユクテスワは、聖典以外にはほとんど本は読まれなかったが、それでいて最新の科学的発見や、学問の進歩状況について、常によく知っておられた。彼は巧みな話術を駆使して、いかにも楽しそうに来客とさまざまな話題について意見を交換した。先生が臨機に放つウイットと陽気な高笑いは、いつも議論に明るい活気を与えた。ときどきは厳粛な表情をされることもあったが、陰気な影は少しもなかった。「神を求めるのに陰気な顔や見苦しい顔をする必要はない」先生は聖書の句[6]を引用して言われた「神を見いだすということは、すべての悲しみを葬り去ることだ」

6）マタイによる福音書6章16節

初めて先生の僧院を訪れる哲学者、教授、法律家、科学者たちの中には、先生をありきたりの宗教家と思って会いに来る者が多かった。尊大ぶった微笑や、腹の中で笑っているような目つきは、彼らが月並みな説教を聞くつもりでやって来たことを示していた。しかし、先生と話し合って、先生が彼らのそれぞれの専門分野における細かな問題についても鋭い観察力をもっていることがわかると、帰るころにはみな去りがたい気持になるらしかった。

先生の弟子の中には医者もおおぜい居た。先生は彼らに言われた「医学を勉強した者は、さらに進んで魂の科学を研究すべきだ。人間の肉体構造の背後には、精妙な霊的構造が隠されている」

「万物は法則に支配されている。外的宇宙に作用している法則は、ふつう科学者によって発見され、自然法則と呼ばれている。しかし、自然の法則には、それらのほかに、隠れた霊的世界と内的意識の領域を支配する霊妙な法則がある。これらの諸原理は、ヨガの霊的科学によらなければ知ることはできない。物質の真の性質を知る者は物理学者ではなくて、真の悟りに達した大師なのだ。イエス・キリストもこの事を知っておられたために、追手の召使いの耳が弟子の一人によって切り落とされたとき、それを元どおりにすることができたのだ」

スリ・ユクテスワは、キリスト教の聖書についても実に明快な解説を与えてくれた。私が聖書の不滅の真価を知ったのは、実にキリスト教徒ならぬこのインドの大師によってであった……東洋西洋を通じて、キリスト教の聖書をスリ・ユクテスワほど深い霊的洞察力をもって解釈した人を私はほかに知らない。

スリ・ユクテスワは生徒たちに、東洋の長所と西洋の長所を結び付ける生きたくさびになるよう勧められた。先生自身、日常の外的生活は西洋的であったが、内的には東洋人らしい霊的生活を送っておられた。先生は、西洋の進歩的、独創的、衛生的な行き方と、東洋数千年の栄光である宗教的理想とを賞賛された。

スリ・ユクテスワの物事を処する態度は常に冷静で、何事にも鋭い明確な判断が下された。先生には、あいまいさや、狂信的夢想家のようなところは全くなかった。足はしっかりと大地を踏みしめ、頭は天の港に碇(いかり)していた。先生は実際的な行動力を賞賛してこう言われた「聖者になることはおしになることではない。また、神を知ることは現実生活に対して無能力になることでもない。自分のもっている徳を積極的に発揮してこそ、その知性はますます磨かれるのだ」

スリ・ユクテスワの直覚は、相手の心を鋭く見抜いた。彼はしばしば、相手が口にしている言葉とは別の、心の中で思っている事に対して直接答えた……この神のような洞察力によって心の中をあばき出されることは、ともすると世俗的な耳には痛すぎた。そのため先生は、浅薄な気持でやって来る生徒たちには人気がなかった。しかし、賢い生徒は——それはいつも少数だったが——深く彼を尊敬した。スリ・ユクテスワが、もしあれほど率直な言葉を用いなかったら、おそらく一般の人々からも、インドきっての理想的な師と見られたであろう……」

私は、先生が炎のような意志をもっておられながら、一方、内にこのような冷静さを保っておられるのを見て驚きを新たにした。先生はまさに「親切さにおいては花よりも優しく、主義を守るためには雷よりも強い」というヴェーダの定義する"神の人"にふさわしい人であった。

私はときどき、先生がもしその心を世俗的野心や栄誉に傾注されていたら、世界に名を轟かせるような武将にも、皇帝にも、容易になれたであろうとつくづく思う。しかし先生は、人間の至高の目標を求めて、内なる怒りと我欲の牙城を粉砕する道を選ばれたのである。

1920年に、スワミ・スリ・ユクテスワは、パラマハンサ・ヨガナンダをアメリカに送り、マハアヴァター・ババジが何年も前に予言した使命を果たさせようとしました。その使命とは、世界中の求道者が、解放の科学であるクリヤ・ヨガの知識を手にできるようにすることでした。この目的のためにヨガナンダは、ロサンゼルスに本部を持つ国際的団体、セルフ・リアリゼーション・フェローシップを設立しました。ヨガナンダは、西洋で過ごした30年のあいだに、アメリカの主要都市で、溢れんばかりの聴衆を前に講演しました。そして、たくさんの本を著述するとともに、広範囲にわたるテーマを網羅した家庭学習用のヨガの通信講座を準備し、マハアヴァター・ババジとスワミ・スリ・ユクテスワから依頼された霊的・人道的事業を永続させるために僧侶の訓練を行いました。

スリ・ユクテスワは、自分の弟子の献身的な活動や、アメリカで達成した業績を喜び、ヨガナンダに何度か手紙を書きました。以下は、1920年代中頃に書かれた二つの手紙からの抜粋です。二つの偉大な魂の、愛に満ちた、心打たれる神聖な関係をかいま見ることができます。

わが心の子、ヨガナンダよ。

お前の学校と生徒たちの写真を見たとき、言いようもない大きな喜びがわたしの胸を訪れた。お前のヨガの生徒たちが、もうあちこちの都市におおぜい居るのを見て、わたしは喜びで溶けそうになる。信念強化法、霊波治療、神癒祈願等、お前が教えている新しい方法を聞いて、心からお前に感謝せずにはいられない。

＊＊＊

マウント・ワシントンの建物[7)]の写真を見ることができて嬉しく思う。言葉にはできないくらいだ。そこに飛んでいって見てみたいと心から思っている。神の使者となって本部をつくるまで、お前はよくはたらいた。望むだけはたらき続けなさい。お前とわたしのあいだに意見の違いはまったくないのだから……

セランポールに戻ったら、世界一周旅行のパスポートを取ることに挑戦してみてもよいかもしれない。だがこのからだでは、そうすることはできないよう

7）ロサンゼルスのマウント・ワシントンの頂にあるセルフ・リアリゼーション・フェローシップ国際本部の建物のこと。数ヶ月前にパラマハンサ・ヨガナンダが購入した。

に思う。お前のいる場所で、お前のそばで、わたしはこのからだの衣を脱ぎたいと思う。この思いさえあれば、わたしは幸せだ。

プリについては、誰かここを管理する者を手配しておくれ。神の恩寵のおかげでわたしは元気だ。だがわたしは、たくさんの支部に関係する管理事務から手を引こうと思っている。もう細かいことをすべてやることはできなくなった。これを手始めに、組織の仕事から手を引いていくようにしたい……お前の返事を心待ちにしている。

最期の日々と逝去

スリ・ユクテスワが予見したように、スリ・ユクテスワがアメリカに旅行するのは、神のご意志の命じるところではありませんでした。そして、ヨガナンダもたくさんの責任を抱えており、インド訪問はできませんでした。とうとう1935年に、ヨガナンダは、師スリ・ユクテスワから、もう残された時間は少ないという緊急の呼び出しの声を直観的に受け取り、インドに一年以上帰国することになりました。ヨガナンダには、二人のアメリカ人の弟子が同行しました。その内の一人、C・リチャード・ライトの手記を以下に紹介します。これは、西洋人によって書かれた数少ないスリ・ユクテスワの人物像です。

畏敬の念に身を引き締めながら、わたしはヨガナンダジのあとから僧院の中庭にはいって行った。それから、数知れぬ真理探求者たちに踏みならされたコンクリートの階段を、胸をときめかせながら上った。一足ごとに、われわれの緊張はその度を加えていった。すると階段の上に、当の偉大な聖者スワミ・スリ・ユクテスワジのいかにも賢者らしい気品に満ちた姿が静かに現れた。神のような聖者の面前に出る特権に恵まれて、わたしの胸は喜びにふくらんだ……

わたしも大師の前にひざまずき、その硬くこわばった足に触れて無言の愛と感謝をささげながら祝福を受けた。それから立ち上がって、聖者の美しい目を直視した。それは長年の内観による深みをたたえ、しかも喜びに輝いていた……

しかしわたしには、大師の心温まる微笑ときらきら光る目の輝きから、この偉人の賢者らしい風格を容易に察知することができた。彼の、ときには陽気な、ときにはまじめな会話を通じてすぐに感じられることは、彼がどんな場合にも断固たる確信をもって物を言う、ということである。これこそ、神を知るがゆえにおのれの知識に確信をもつ賢者のしるしなのであろう。彼の偉大な英知と、意志の力と、決断力は、あらゆる面に顕著にあらわれていた。

彼は、簡素なドーティ（インド風のズボン）とシャツを身に着けていた。それらも、初めは黄褐色だったのであろうが、今は色あせただいだい色になっている。ときおり畏敬の念をもって観察していると、わたしは彼が、長年の脱俗生活の試練と献身によって鍛えあげた、たくましい堂々たる体格の持ち主であることに気が付いた。その姿は威厳があり、歩くときは背すじを伸ばして堂々と闊歩した。その笑い声は豪快で、全身をゆすぶりながら腹の底から笑った。

彼のいかめしい顔は、いかにも神の力を思わせるような威厳に満ちていた。真ん中で分けられた頭髪は、ひたいのあたりでは白く、それがしだいに金髪や黒髪とまじり合って縞をつくり、先は巻き毛になって肩のあたりまで垂れていた。口ひげとほほひげは、まばらではあるが彼の特徴をいっそう引き立てている。ひたいは天を仰いで傾斜し、黒い瞳は霊妙な青い光を放っていた……また、口元は、話をしていないときはいかめしく引き締まっているが、それでいて微妙な優しさをたたえていた。

スリ・ユクテスワの健康は、外から見ると申し分ないようでしたが、実はからだを去るときが近づいていました。1935年終わり、スリ・ユクテスワはヨガナンダを自分のもとに呼びました。

「わたしの地上における仕事はこれで終わった。あとはお前が続けていきなさい」先生は静かに言われた。その目は穏やかに落ち着いていた。

「ところで、プリの僧院を管理する者をだれかよこしてくれないか」先生はなおもつづけられた「わたしはいっさいをお前の手にゆだねる。お前は、自分自身の舟も、お前の団体の舟も、りっぱに神の岸辺に漕ぎ着けることができるだろう」

偉大な師は、1936年3月9日、プリで、マハサマディ（ヨギの最期の、からだからの意識的脱出）に入りました。コルカタの主要紙『アムリタ・バザール・パトリカ』は、師の写真とともに、以下の記事を掲載しました。

「スリマット・スワミ・スリ・ユクテスワ・ギリ・マハラジ（八十一歳）の追悼式は、多数の弟子たちの参列のもとに、三月二十一日、プリで取り行われた。バガヴァッド・ギーターの最もすぐれた注解者の一人であるスワミ・マハラジは、ベナレスのヨギラジ・スリ・シャーマ・チャラン・ラヒリ・マハサヤの高弟であった。スワミは、インド国内の数か所にあるヨゴダ・サットサンガ・センターの設立者であり、また、彼の一番弟子であるスワミ・ヨガナンダによる西欧諸国へのヨガ普及運動の、陰の偉大な推進者でもあった。スワミ・ヨガナンダをして、海を渡りアメリカにインドの大聖たちの教えを普及させる決意をさせたものは、スリ・ユクテスワの深い預言者的洞察力にほかならない。

バガヴァッド・ギーターやそのほかの聖典に関する彼の注解は、東西の哲学に対する彼の造詣の深さを物語るもので、これは、世人をして東西両洋の融合に目覚めさせる指針として長く残るであろう。あらゆる宗教的信仰の一致を信じていたスリ・ユクテスワ・マハラジは、宗教に科学的精神を注入するため、各宗派や信仰の指導者の協力のもとに、サドゥー・サバー（行者の協会）を設立した。彼は死に臨んで、スワミ・ヨガナンダを彼の後継者として、サドゥー・サバーの会長に任命した。

今日かかる偉人を失ったことは、インドにとって一大損失と言わなければならない。彼の教えを受ける幸運に恵まれたすべての人々が、この偉人の中に人格化された霊性とインド文化の真の精神を、それぞれの内に確立することを願ってやまない」

スリ・ユクテスワが人類に残した遺産

覚醒した魂が絶対の存在に融合すると、神だけが唯一の現実と知り、生と死の移り変わる光景を、マーヤの幻影──遍在の宇宙の創造者のなかで繰り広げられる神聖なドラマ──として見ます。スリ・ユクテスワは逝去の後、『聖なる科学』のなかで自ら簡潔に記した真理を、最後に奥深く証明して、この世に残しました。ヨガナンダが、愛する師の死を悲しみながら、アメリカに戻る準備をしていたときに、スリ・ユクテスワが復活した姿で現れたのです。この不思議な体験──そして、スリ・ユクテスワが明かした、世界創造の本質、死後の人生、不滅の魂の連続的な霊的進化は、パラマハンサ・ヨガナンダの『あるヨギの自叙伝』全章の主題をなしています。

「ヨガナンダ、わたしは今お前に、わたしの生と死と復活に関する事実を語った。」スリ・ユクテスワは愛する弟子に語りました。「もうわたしのために嘆くのはやめて、わたしが……復活したことを、広く人々に伝えなさい。そうすれば、夢の死におびえたり嘆き悲しんでいる人たちの心に、新しい希望が湧くだろう」

「人々はあまりにも長い間、『人間はちりやあくたのようなものだ』という陰気な悲観論者の言葉に耳を傾けてきたため、何物にも侵されることのない自己の魂のことを忘れてしまったのである。」このようにパラマハンサ・ヨガナンダは、スワミ・スリ・ユクテスワとの神聖な体験を記しています。偉大なギャナアヴァターは、自らの一生によって、英知の伝授によって、そして、自らの死と、栄光に満ちた復活を見せることで、全人類にひとつの崇高な理想像を示しました。それは、唯一の神の不滅の子として人類がもともと持っている神性でした。

パラマハンサ・ヨガナンダの
クリヤ・ヨガの教えに関する
追加資料

セルフ・リアリゼーション・フェローシップ（SRF）は、世界中の求道者を進んで支援するために設立されました。SRF の年間の講演会や講習会の情報、世界中の寺院やセンターでの瞑想会等の情報、リトリートの予定やその他の活動についての情報に関しては、Web サイトを訪ねるか、国際本部までお問い合わせください。

Webアドレス：　www.yogananda-srf.org

住所：　Self-Realization Fellowship
3880 San Rafael Avenue
Los Angeles, CA 90065 U.S.A.

電話：　+1-323-225-2471

『あるヨギの自叙伝』

パラマハンサ・ヨガナンダ著

賞賛のうちに迎え入れられたこの自叙伝には、現代における一人の霊的偉人の心引きつけられる人物像が描きだされている。パラマハンサ・ヨガナンダは、人々を魅了してやまない率直さ、雄弁さ、そして機知を交えながら、自らの一生の経験を物語って、人を霊性の旅路へといざなう。この本には、非凡な少年時代、悟りを開いた師を求めてインド中を探し回り、多くの聖人賢者に出会った青年時代、尊いヨガの師の庵に参じて修行した10年間、そしてアメリカで暮らし教えた30年間の経験が描かれている。また、マハトマ・ガンジーやラビンドラナート・タゴール、ルーサー・バーバンク、カトリックの聖痕女テレーゼ・ノイマンなど、西洋と東洋の多くの著名な霊的偉人との出会いが記録されている。

『あるヨギの自叙伝』は、美しく描かれた、稀なる人生の物語であると同時に、古の科学であるヨガと歴史ある伝統的な瞑想方法に奥深く迫る入門書である。著者は、日常生活で起こる普通のできごとと、奇蹟と呼ばれる特別なできごとの背後にある、精妙ではあるが確実に存在する法則をはっきりと説明している。このようにして、人を夢中にさせる著者の一生の物語が舞台となって、洞察力に満ちた視点、感銘を受けずにはいられないその視点から、人間存在という究極の神秘を見ることができるのである。

この本は、現代における霊的著作の傑作と認められ、18ヶ国語に翻訳された。そして、大学での教科書や参考書として広く用いられている。約50年以上前に出版された『あるヨギの自叙伝』は、長年にわたるベストセラーとなって、今も、世界中の無数の読者の心に届けられ続けているのである。

「希代の記録報告」　—— ニューヨーク・タイムズ

「心をとりこにする、しかも明解な注釈の施された研究書」
—— ニューズウィーク

「英語もしくはどのヨーロッパ言語においても、このようにヨガを紹介した本は、いまだかつて書かれたことがなかった」　—— コロンビア大学出版局

パラマハンサ・ヨガナンダの著書紹介

――日本語――

書店、出版社および SRF から購入できます。

森北出版社　www.morikita.co.jp

SRF　www.yogananda-srf.org

『あるヨギの自叙伝』

『人間の永遠の探求』

――英語――

SRF から直接購入できます。

Self-Realization Fellowship
3880 San Rafael Avenue
Los Angeles, CA 90065-3219 USA
Tel +1-323-225-2471　Fax +1-323-225-5088
www.yogananda-srf.org

Autobiography of a Yogi

The Second Coming of Christ: *The Resurrection of the Christ Within You*
イエスの本来の教えについての注釈。天啓の書。

God Talks with Arjuna: *The Bhagavad Gita*
これまでにないバガヴァッド・ギーターの翻訳・注釈書。

Man's Eternal Quest
パラマハンサ・ヨガナンダの講話・談話集、第一巻。

The Divine Romance
パラマハンサ・ヨガナンダの講話・談話・エッセイ集、第二巻。

Journey to Self-Realization
パラマハンサ・ヨガナンダの講話・談話集、第三巻。

Wine of the Mystic: *The Rubaiyat of Omar Khayyam — A Spiritual Interpretation*

『ルバイヤート』の不思議な心象風景の背後に秘められた、神との霊交の科学、神秘の科学を明らかにする、天来の注釈書。

Where There Is Light: *Insight and Inspiration for Meeting Life's Challenges*

Whispers from Eternity

パラマハンサ・ヨガナンダが高い瞑想の境地で得た、聖なる体験と祈りのコレクション。

The Science of Religion

The Yoga of the Bhagavad Gita: *An Introduction to India's Universal Science of God-Realization*

The Yoga of Jesus: *Understanding the Hidden Teachings of the Gospels*

In the Sanctuary of the Soul: *A Guide to Effective Prayer*

Inner Peace: *How to Be Calmly Active and Actively Calm*

To Be Victorious in Life

Why God Permits Evil and How to Rise Above It

Living Fearlessly: *Bringing Out Your Inner Soul Strength*

How You Can Talk With God

Metaphysical Meditations

心を高める瞑想、祈り、アファメーションの数々。300以上を収録。

Scientific Healing Affirmations

パラマハンサ・ヨガナンダが、アファメーションの科学を奥深く説明した書。

Sayings of Paramahansa Yogananda

導きを求めて来た人々へ向けられた、パラマハンサ・ヨガナンダの率直で愛に満ちた言葉と賢明な助言を集めた書。

Songs of the Soul

パラマハンサ・ヨガナンダによる神秘的な詩。

The Law of Success

人生の目標を達成するための、原動力を生みだす原理を説明した書。

Cosmic Chants
神への愛の歌60曲（英詩と楽譜）を収録。聖歌の詠唱によって、どのように神との霊交へと導かれるかを説明した序文つき。

——CD・DVD——

Beholding the One in All

The Great Light of God

Songs of My Heart

To Make Heaven on Earth

Removing All Sorrow and Suffering

Follow the Path of Christ, Krishna, and the Masters

Awake in the Cosmic Dream

Be a Smile Millionaire

One Life Versus Reincarnation

In the Glory of the Spirit

Self-Realization: *The Inner and the Outer Path*

その他のSRF書籍の紹介

SRF の書籍、CD、DVD 等の総合カタログを
希望される方はご連絡ください。

——日本語——

『聖なる科学』　スワミ・スリ・ユクテスワ著

『オンリー・ラブ——愛だけが——』　スリ・ダヤ・マタ著

——英語——

The Holy Science Swami Sri Yukteswar著

Only Love: *Living the Spiritual Life in a Changing World*
Sri Daya Mata著

Finding the Joy Within You:
Personal Counsel for God-Centered Living
Sri Daya Mata著

God Alone: *The Life and Letters of a Saint*
Sri Gyanamata著

"Mejda": *The Family and the Early Life of Paramahansa Yogananda*
Sananda Lal Ghosh著

Self-Realization
(1925年パラマハンサ・ヨガナンダ創刊の季刊誌)

入門用小冊子（無料）

パラマハンサ・ヨガナンダの教えと、クリヤ・ヨガを含め師が教えた科学的瞑想法は、セルフ・リアリゼーション・フェローシップのレッスン（通信講座）として特別にまとめられています。日本語では、重要なヨガ行法を説明した三つの要約レッスンが用意されています。詳細について知りたい方は、小冊子『セルフ・リアリゼーションとは？』をお取り寄せください。英語、スペイン語（全レッスン）およびドイツ語（短縮版）については、希望の言語を指定したうえで、小冊子『UNDREAMED-OF POSSIBILITIES』をお取り寄せください。小冊子はいずれも無料です。

サンスクリット用語索引

www.ingramcontent.com/pod-product-compliance
Lightning Source LLC
LaVergne TN
LVHW090955080826
845145LV00003B/1015

* 9 7 8 0 8 7 6 1 2 2 5 7 0 *